道路交通安全
科普类电视节目策划

公安部道路交通安全研究中心　编

内 容 提 要

本书主要对我国道路交通安全科普类电视节目策划、实验设计、专家解读等方面进行讲解，从机动车、道路、驾驶行为、儿童、行人等诸方面着手，分析、整理道路交通事故产生的原因机理，进而对道路交通事故的预防以及应采取的相应措施，进行详细分析和阐述。

本书可为我国交通安全宣传教育的研究人员、管理者提供参考，也可作为高等学校交通及电视相关专业师生的参考书。

图书在版编目(CIP)数据

道路交通安全科普类电视节目策划 / 公安部道路交通安全研究中心编. —北京：人民交通出版社股份有限公司，2016.5

ISBN 978-7-114-13045-8

Ⅰ.①道… Ⅱ.①公… Ⅲ.①公路运输—交通运输安全—电视节目制作 Ⅳ.①G222.3

中国版本图书馆 CIP 数据核字(2016)第 117221 号

书　　名：道路交通安全科普类电视节目策划
著 作 者：公安部道路交通安全研究中心
责任编辑：韩亚楠　郭红蕊
出版发行：人民交通出版社股份有限公司
地　　址：(100011)北京市朝阳区安定门外外馆斜街 3 号
网　　址：http://www.ccpress.com.cn
销售电话：(010)59757973
总 经 销：人民交通出版社股份有限公司发行部
经　　销：各地新华书店
印　　刷：中国电影出版社印刷厂
开　　本：787×1092　1/16
印　　张：9.5
字　　数：164 千
版　　次：2016 年 5 月　第 1 版
印　　次：2016 年 5 月　第 1 次印刷
书　　号：ISBN 978-7-114-13045-8
定　　价：48.00 元
(有印刷、装订质量问题的图书由本公司负责调换)

《道路交通安全科普类电视节目策划》

编委会

特 别 鸣 谢： 公安部交通管理局
中央电视台
国家体育总局汽车摩托车运动管理中心
同济大学交通运输工程学院
清华大学航空航天学院
东方时尚驾校

序 言

电视是目前世界上最大的传播媒体之一，和报纸、广播、网络等传播媒体相比，电视占有明显的优势。电视可同时触发视觉和听觉效应，表现形式是声音与图像。多种感觉道比单一感觉道对信息的接收更轻松，对信息的认知更全面，色彩纷呈的屏幕形象更具吸引力。同时，电视信息的多维性，可使人产生“触觉感受”，即所谓身临其境，有利于提高观众的感受性和形象思维能力。电视因其具有广泛的影响力和深入人心的直观性，成为传播社会资讯、文化信息的一类最重要的新闻媒体。尽管网络迅速兴起和普及，但就像电视无法取代报纸一样，网络也无法取代电视。电视媒体覆盖面广、受众群体多，是开展交通安全宣传教育的重要方式和途径。

交警部门通过电视播报交管工作新闻，播放交通公益广告、流动字幕及形象宣传短片，专题制作交管类电视节目，促进了交通安全宣传教育向社会更深层次推进。各地交警部门联合电视台开办的新闻纪实、交通资讯、事故警示、案例分析等专栏，对区域交通状态、专项整治活动、重大交通事故等进行实时报道。近年来利用电视台播放文明交通公益广告、安全出行提示、游走字幕等取得较好社会效果。同时，制作高质量的交通安全系列警示片、文艺片，采用故事、小品、相声、歌舞、曲艺等群众喜闻乐见的形式，通过电视或音像制品，进行广泛深入的交通安全宣传教育。

2014 年以来，公安部道路交通安全研究中心已与中央电视台综合、财经、科教、新闻等多个频道及栏目建立了稳定的合作机制，共播出了 28 期交通安全电视节目，策划、拍摄了 31 次交通模拟与实车实验，录制了 35 人次的专家采访。据中央电视台调查，实验类节目平均收视率在0.35%～0.4%，每期约有520万人观看，新闻类节目平均收视率在1.5%～2.3%，每期约有2800万人观看，以上所有节目累计受教人数超过2亿人，交通安全科普类电视节目很好地普及了交通安全知识。

特别感谢公安部交通管理局宣传处及相关业务处室的指导帮助。感谢中央电视台《走近科学》、《是真的吗》、《生活提示》栏目组对理论应用工作的大力支持。感谢同济大学交通运输工程学院、清华大学航空航天学院、东方时尚驾校以及国家体育总局汽车摩托车运动管理中心代惠忠主任、王小刚副主任等单位和领导提供实验场地并配合拍摄工作。

道路交通安全科普类电视节目始终在更新发展，做好相应策划工作需要不断的探索和实践。本书的研究成果有待不断丰富改善，书中观点难免有不尽如人意之处，敬请读者批评、指正。

编者于北京

二〇一六年一月

目 录

第1章 机动车安全篇

近10年来，经济增长促使我国快速进入汽车社会，年均机动车递增1500万辆。目前，全国机动车保有量已达2.74亿辆，其中汽车1.67亿辆，机动车保有量和汽车增速位居世界第一。短短十余年间，我国实现了进入汽车社会的梦想，汽车发展速度如此惊人，以至于我们在享受着汽车社会的高速、舒适、便捷的同时，还来不及全面思索汽车文明应有的内涵。汽车是道路交通过程中的客体，汽车运行状况是交通安全的基础，影响行车安全的因素主要涉及车辆主动安全和被动安全，包括车辆制动系统、转向系统、机件灯光、操纵系统、安全带、气囊等装置。因此，机动车安全性能对道路交通安全具有重要意义。从某种程度上说，车辆的结构和性能好，车辆的技术状况优越以及安全化的设计，对减少交通事故发生的概率及降低交通事故伤害程度具有重要作用。

1.1 低速行驶不系安全带也有生命危险

近年来，随着汽车保有量的大幅增加，我国交通事故数量、死亡人数、事故率及死亡率一直居高不下。安全带的作用是在汽车紧急制动或者发生车辆事故时减轻车辆惯性造成的冲击，是使人员在气囊弹出时免受二次碰撞造成伤害的安全装置。因此，确保驾驶人和乘客系安全带，能够有效地降低死伤者的数量。

现实生活中，人们总是感觉城市道路人多车多，不会开快，在城市道路行车系安全带没必要，不系安全带也没什么危险。因而，在城市道路驾车不系安全带的现象比较普遍。据调查，城市道路行车，驾乘人员不系安全带的现象占70%以上，偶遇检查，部分驾驶人才会主动系上安全带。安全带成了名副其实的“摆设”。当车辆在高速行驶时发生碰撞或紧急制动时，巨大的惯性会使车内乘员与转向盘、风窗玻璃等发生二次碰撞，从而对乘员造成严重伤害。而安全带能将人束缚在座位上，它的缓冲作用会吸收大量动能，大大减轻乘员的受伤害程度。当车辆仅以40千米/小时的速度行驶时发生碰撞，身体前冲的力量就相当于从4层楼上扔下一袋50千克重的水泥，其冲力之大可想而知。所以，安全带的作用在这个时候就显示出来了。

还有一些人认为，车内装备有安全气囊，所以就没必要系安全带了。其实，单纯依靠安全气囊也是十分危险的。因为安全气囊的开发设计就是基于安全带有限的保护作用之上的，安全带与安全气囊组成辅助乘员保护系统，两者互相配合才能充分发挥对驾乘者的辅助保护作用。

当汽车前部发生强烈的碰撞时，由于惯性，驾乘者的身体向前快速移动，这时安全带便会尽力“拉住”驾乘者的身体，吸收部分冲击能量，同时安全气囊快速充气并完全打开；接着，驾乘者的身体上部便沉向安全气囊，气体也开始从气囊的排气口匀速逸出，并吸收了大部分冲击能量；随后，驾乘者身体向后移并回到座椅上。以上整个过程几乎发生在一瞬间，驾乘者完全处于被动的局面，在这种情况下，被动地依靠辅助乘员保护系统是唯一的选择。如果碰撞之前没有系好安全带，那么安全气囊反而会伤害驾乘者。因为气囊的爆发力非常大，如果丝毫没有安全带的牵引缓冲而直接撞到正在爆发的气囊上，对身体也会有严重的损伤。所以，安全气囊是要与安全带配合使用才能起到“安全”的作用。

1.1.1 实验方案

1）实验目的

验证即使车辆在20千米/小时的低速行驶时发生碰撞，驾乘人员不系安全带也会有生命危险。

2）实验设备

模拟碰撞实验台车、78千克假人（安装传感器）、高速摄像机等。

3）实验内容

为了比较乘客在系安全带和不系安全带的情况下发生碰撞时的差异，模拟碰撞将两个假人同时安放在后排座椅中（图1.1），其中一个假人系好安全带，另一个不系安全带。以20千米/小时的速度进行实验碰撞（图1.2），通过两个假人身上传感器传回来的数据，进行对比分析。

图 1.1　碰撞前两个假人坐后排座椅

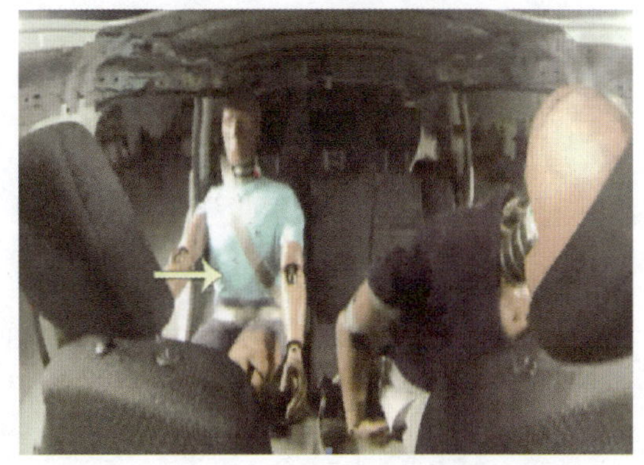

图 1.2　20 千米/小时低速碰撞时的画面

4）实验步骤

（1）将两个假人同时安放在碰撞实验台车后排座椅，一个系安全带，另一个不系安全带。

（2）将假人胸部、头部等部位连接传感器，可以感知假人身体各部位受到的加速度、荷载或者变形等数据。

（3）以 20 千米/小时的速度进行碰撞实验，如图 1.3 所示。

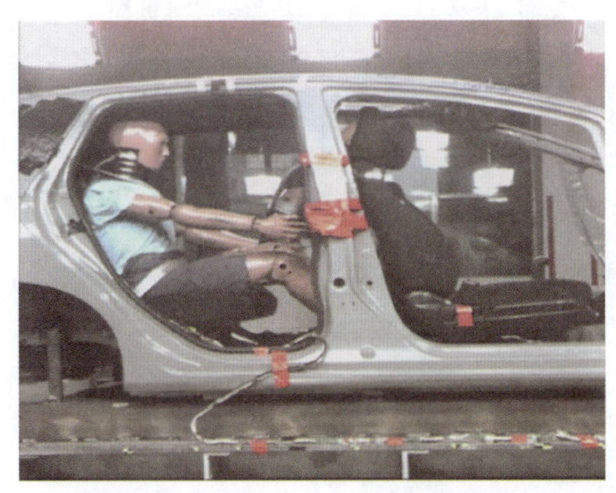

图 1.3　20 千米/小时低速碰撞时不同视角的画面

5）数据分析

将两个假人传感器传回的数据进行比对：

没系安全带的假人相当于受到 22 个重力加速度的作用（图 1.4）。一般人头颅的重量是 5 千克，在这样一个加速度的作用下，就相当于头部受到了 110 千克物体的撞击，并且冲击次数较多。

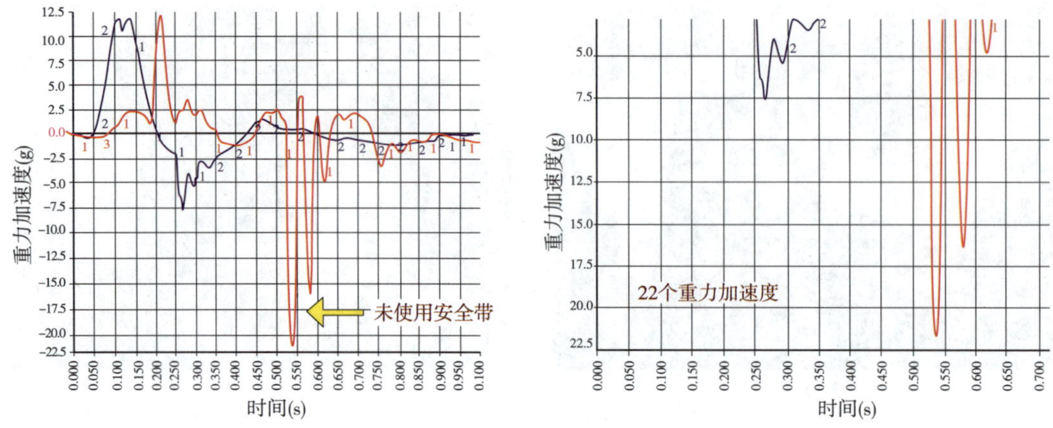

图 1.4　未使用安全带的假人受到 22 个重力加速度

使用安全带的假人，最大相当于受到 11 个重力加速度的作用(图 1.5)。因为系了安全带的假人胸部承受了更大的冲击力，减缓了头部受到的冲击。

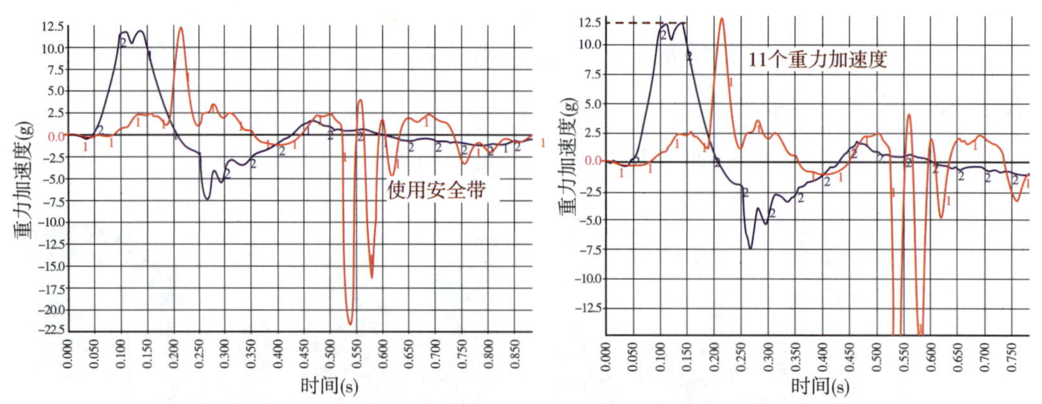

图 1.5　使用安全带的假人受到 11 个重力加速度

1.1.2　策划要点

1)提出命题

低速行车发生碰撞，乘客也会有生命危险吗?

2)预期结论

即使车辆在 20 千米/小时的低速行驶时，不系安全带也存在严重的安全隐患。

3)主要内容

据观察，很多乘坐在小客车后排的乘客和乘坐大客车的乘客没有佩戴安全带的意识和习惯，在发生交通事故时，极易导致乘客冲破玻璃甩出车外而造成严重的伤亡。

(1)采访部分私人小汽车、大客车乘客，了解使用安全带的情况，提出未系安全带紧急制动时会产生多大前冲力的问题。

(2)播放大客车内未系安全带的乘客在事故发生时的监控视频。

(3)在专业碰撞实验室进行配有安全带的汽车座椅轨道冲撞实验，验证结论。

(4)采访车辆安全领域相关专家，解读不系安全带的危害并给出安全提示。

1.1.3　脚本编排

导语：低速行车发生碰撞，乘客也会有生命危险吗？

解说：低速行车发生碰撞，乘客也会有生命危险，是真的吗？根据《中华人民共和国道路交通安全法》第五十一条，机动车行驶时，驾驶人、乘坐人员应当按规定使用安全带。而现实中，不使用安全带的情况十分普遍。

解说：那么在低速行驶时就可以不需要安全带的保护吗？我们决定用实验进行验证。在工作人员的帮助下，我们来到了专业的模拟碰撞实验室。

解说：为了比较乘客在系和不系安全带的情况下发生碰撞时的不同，我们将两个假人都安放在后排座椅中，其中一个假人系好安全带，另一个不系安全带。

同期：(专家)这是我们标准的碰撞实验假人，假人的体重为78千克，在假人身上有不同的传感器。

解说：传感器设在假人体内，可以收集到碰撞瞬间，假人各个部位受到的加速度、荷载和变形等详细的数据，并通过这些黑色的线传输到电脑中进行分析。同时专家还告诉我们，发生碰撞时，头部最容易受到致命伤害，所以在实验中我们将主要收集假人头部传感器传来的数据。而我们用来模拟碰撞实验的装置，就是这台碰撞实验台车。

同期：(专家)我们可以看到这里有个活塞，实验时活塞会推动前面的台架，台架上面就是我们的模拟车身。我们可以通俗地把活塞理解为墙，即用墙去撞车，相当于是一个反向的运动。

解说：我们用于实验的假人非常昂贵，单个假人的售价在70万元人民币左右，为了避免在实验中假人受到损坏，实验人员将碰撞速度定在了20千米/小时。

同期：工作人员，实验开始，(倒数)　10、9、8、7、6、5、4、3、2、1。

解说：让我们通过高速摄影的慢放影像，再来看一下碰撞的瞬间。

解说：碰撞发生的瞬间，系有安全带的假人迅速被安全带抓了回来，牢牢地固定在了座椅上面，而没有系安全带的假人则在车辆发生碰撞之后重重地撞到了前排座椅上面，这是画面上能够看到的区别。那么，假人身上的传感器又会为我们收集到哪些画面上看不到的数据呢？

同期：（专家）从实验数据中，我们可以看出来，未使用安全带的假人头部相当于受到22个重力加速度的作用。一般人头颅的质量是5千克，如果我们单拿头颅的质量来算，在这样一个加速度的作用下，就相当于头部受到了110千克物体的撞击，并且冲击次数较多。

解说：那么系了安全带的假人头部的受力状况又是如何呢？

同期：（专家）使用了安全带的假人，最大相当于受到11个重力加速度的作用，系了安全带的假人胸部承受了更大的冲击力，减缓了头部受到的冲击。

解说：也就是说，系了安全带的假人在安全带的保护下，头部仅相当于受到了55千克物体的冲击，是未系安全带假人受力的一半。而更为关键的地方在于，系了安全带的假人在安全带的固定下更是避免了二次碰撞的发生。

同期：（专家）另外，从数据可以看出，从车辆碰撞到人体与车内物体碰撞，也就是0.2秒，正常人的反应时间是在0.3秒以上。

解说：也就是说，在碰撞发生的瞬间驾乘人员根本无法做出反应，只能借助安全带等约束系统阻止人体与其他物体发生碰撞。在这次实验中，两个模拟假人坐在后排，并且是正面碰撞，假人能撞到的前后排座椅都比较柔软，然而实际发生碰撞时的情况往往比实验室要复杂得多。如果这样的情况发生在前排或者侧面碰撞时，乘驾人员则更容易撞向风窗玻璃、立柱等比较坚硬的地方。

同期：曾经发生过这样的案例，碰撞速度为18千米/小时，驾驶人没系安全带，头部与风窗玻璃碰撞造成颈部弯曲，事故后驾驶人只是感觉脖子疼，但是3个月后才发现颈部神经遭到压迫、病变，最终造成瘫痪。

解说：由于受到实验条件的限制，我们只模拟了20千米/小时车速下碰撞的结果，而在现实生活中，机动车的行车速度往往会高于20千米/小时，如果在行驶途中发生意外没有系安全带的话，后果会更加严重。

解说：（专家）如果发生碰撞时的速度达到40千米/小时，人体受到的冲击就相当于从二层高的楼房掉到混凝土地面上，这个时候没有安全防护就会严重受伤甚至出现生命危险。统计表明，正确使用安全带，可以使碰撞事故中死亡风险降低60%左右，在正面碰撞、侧翻事故、低速碰撞事故中，安全带的保护效用更加明显。

解说：车祸猛于虎，行车需谨慎。在这里，我们提醒大家，乘坐机动车出行，一定要系好安全带。

1.1.4　安全提示

(1)车辆以40千米/小时的速度发生碰撞时，车内人员身体往前冲的力量，相当于从4层楼上扔下一袋50千克重的水泥。为了您的安全，即使在市区驾车也要系好安全带。

(2)在车辆发生碰撞时，安全带可以使驾乘人员不与转向盘、仪表板、风窗玻璃等发生第二次撞击；同时可防止车内的驾乘人员紧急时刻被抛出车外。在市区驾车也要养成系安全带的习惯。

(3)安全带是发生事故时减轻受伤程度的安全防护装置，使用安全带可减轻事故发生时驾驶人与车辆顶棚、前窗玻璃、转向盘等发生猛烈撞击所带来的伤害，增大存活的概率，驾车出行请系好安全带。

(4)由于安全带的束缚，驾乘人员的体位相对固定。在惯性力的作用下，驾乘人员的头颈部则处于过伸状态，由此可对颈椎产生一种剪切冲击力。另外，驾驶人因体位长期固定，会引起颈肩及腰部的肌肉、韧带慢性疲劳性损伤，其损伤早期，可表现为颈椎不稳的症状，如颈、肩、手臂和背部的麻木、酸胀、疼痛等。此种损伤亦可见于胸腰段，表现为腰酸背痛，因椎动脉及颈段脊神经根所受到的牵拉刺激，严重者可出现头晕、头痛、耳鸣、视力模糊等症状，甚至可有椎体的楔形压缩性骨折。为防止上述情况的发生，首先应避免在非高速公路段高速行车，起步及停车时应平缓变速，以减轻制动及变速时对脊椎产生的剪切冲击力。另外，还应在工作之余坚持进行颈肩及腰背部的功能锻炼，如做颈椎操、广播操等，以减轻肌肉、韧带的慢性疲劳性损伤。一旦发现有上述疲劳损伤症状，当及时去医院就诊。

1.2　大货车转弯时内侧有2米宽的“死亡区域”

“内轮差”是车辆转弯时内前轮转弯半径与内后轮转弯半径之差，计算方法为外轮弧度半径减去内轮弧度半径。我们每天在驾驶机动车的过程中都在接触内轮差，行人走路、骑车的时候更需要真正了解它才能保证人身安全。对机动车而言，“内轮差”是牵引车的内前轮与挂车的内后轮转弯半径之差。由于“内轮差”的存在，车辆转弯时，前、后车轮的运动轨迹不重合，在行车中如果只注意前轮能够通过而忘记内轮差，就可能造成后内轮驶出路面或与其他物体碰撞的事故。

机动车在转弯时，后轮并不是沿着前轮的轨迹行驶，会产生偏差，转弯形成的偏差叫作“轮差”，车身越长，形成的“轮差”就越大，内轮差的范围也会跟着扩大。像水泥罐车这种大型工程车的车身都比较长，尤其是车头转过去后，还有很长的车身没有转过来，极易形成大型车辆驾驶人的“视觉盲区”。非机动车或者行人步入内轮的“视觉盲区”范围后，产生的危险增大。由于紧贴车身，被拐弯时的后车身拖入车内，造成交通事故。大货车在右转弯时，在车身右侧形成的“内轮差”极易将进入或者停靠在红色区域内的车辆以及行人剐蹭(图 1.6)。

图 1.6　红色区域为大货车右转形成的危险区域

大货车等车身较长的车辆转弯时，前车身通过后，后车身一定会随内轮差向内偏移，并且该空间极易形成驾驶人的“视觉盲区”，当其他车辆或者行人进入内轮的“视觉盲区”之后，极易造成交通事故。

1.2.1　实验方案

1)实验目的

通过本次大货车“内轮差”的实验，观众能够更清晰地了解大货车“内轮差”的形成过程，有效地避免交通事故的发生。

2)实验设备

大货车(轴距 5 米)、白色粉末、立柱、测量尺等。

3)实验步骤

(1)将白色粉末涂抹在大货车前后轮上，实验员将大货车开往一条弯道上。

(2)大货车的行驶轨迹印在地上，实验员测量地上轨迹距离。

(3)将立柱放置于大货车转弯处，再次行驶货车。

(4)在立柱上安装摄像头，拍摄大货车转弯时剐蹭到位于内轮差危险区域立柱的整个过程。

4)数据分析

通过测量大货车转弯时的运动轨迹，可以得知，大货车前后轮运动轨迹不重合，后轮更偏向于内侧行驶。前后轮运动轨迹相差2米。如图1.7～图1.9所示。

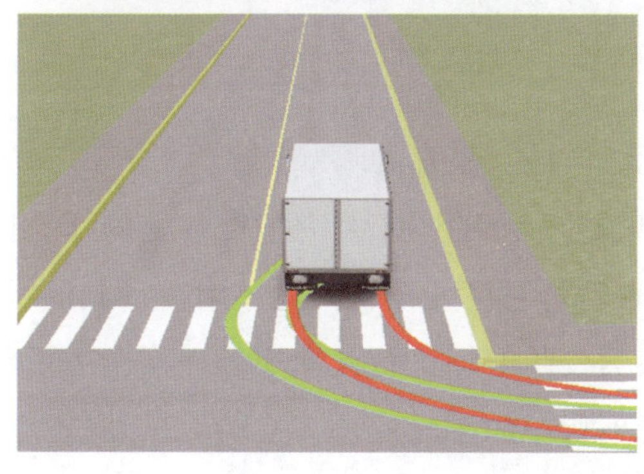

图1.7　货车转弯时前后轮行驶轨迹及其危险区域

图1.8　实验人员在测量前后轮轨迹

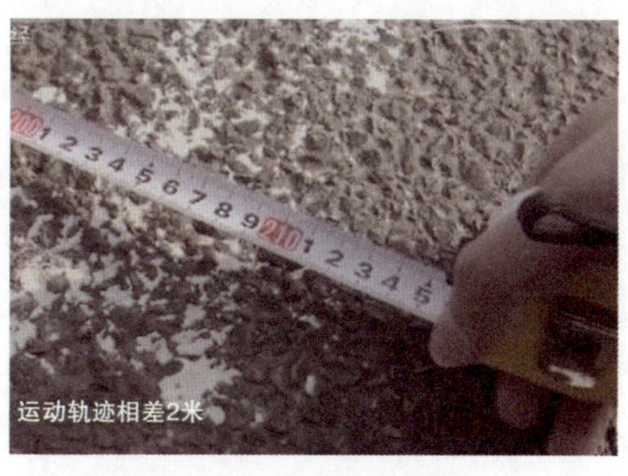

图1.9　前后轮运动轨迹相差2米

1.2.2 策划要点

1）提出命题

大货车转弯，内侧是否有2米宽的死亡区域？

2）预期结论

大货车转弯时会产生2米左右的前后转弯半径差，人或物在这个区域内会发生危险。

3）主要内容

（1）在轮胎表面抹上白色粉末，驾驶货车过弯道（速度10千米/小时，将转向盘打到底），观察前轮与后轮转弯时形成的白色轨迹，测量前后轮轨迹之间的距离。

（2）将立柱放置在弯道处，形象地展示内轮差的存在。

（3）再用不同轴距的货车进行同样的实验，速度10千米/小时，转弯时将转向盘打到底，观察内轮差是否有规律。

1.2.3 脚本编排

导语：大货车转弯，内侧有2米宽的死亡区域，是真的吗？

解说：最近，在网络上流传着这样一条消息，标题为《大货车转弯处的死亡区域》，内容称大货车身重体长，转弯时会出现转弯盲区死角，并且还附有动画演示。为了验证这个说法的真实性，我们来到了某驾校练习场进行此次实验。实验人员将货车开到了一条弯道上，为了能够直观地看到货车的车轮痕迹，实验人员在货车的轮胎表面撒上白色粉末。

解说：通过实验我们可以看到，货车右转弯的时候，前轮和后轮的轨迹并不一致，而会形成一个月牙状的区域。

同期：（专家）从实验的结果来看，前后轮的运动轨迹不重合，内后轮更偏向于转弯内侧行驶，车辆的后轮与前轮的运动轨迹相差2米。

解说：那么处于此区域的人或物会发生危险吗？于是我们把一个柱子立于这个区域内，那么货车转弯时会发生什么呢？通过视频回放我们看到，货车在转弯时，驾驶人注意到了路边树立了一根柱子，小心地驾驶车辆，前轮并没有碰到柱子。但是由于车身太长，渐渐看不到车后方的情况了。在转弯过程中，车的头部避开了柱子，但是车身却把柱子撞倒了，这是什么原因呢？

同期：(专家)这是因为车辆在转弯时，会存在内轮差。所谓内轮差即在车辆转弯时，内侧前后轮转弯半径的差值。正是由于内轮差的存在，导致前后轮运动轨迹不重合，内后轮更偏向于内侧行驶，前后轮的运动轨迹会形成一个近似弧形的区域，这个弧形的区域就是我们平时所说的危险区域。

解说：从我们的实验结果来看，在车辆转弯行驶中，的确会出现一个很危险的死亡地带，只要处在这个区域里，即使能避开车辆前轮，仍有可能和车辆中后部发生碰撞(扫挂)或碾压事故。

解说：2014 年 4 月，一个骑自行车的人遇到大货车右转弯，骑车人立刻停下来躲避。但是因为轮差而形成的视觉盲区，最终被大货车碾压致死。而类似的事情在不同时间、不同地段频频发生。既然在大货车转弯的时候如此危险，那么驾驶人和行人应该如何应对这个死亡区域呢?

同期：(专家)在车辆转弯时，应该尽量减速慢行，同时通过车辆的后视镜观察车辆两侧的交通环境，必要时可以通过鸣喇叭示意。行人和非机动车不要与转弯的车辆抢行，与大型客车、中型货车要保持 2 米以上的安全距离。

1.2.4 安全提示

你知道汽车是怎样转弯的吗? 汽车是依靠前轮来转向的。随着前轮的转动，汽车车身也逐渐改变方向。但是前后两只车轮不是走在同一条弧线上，而是有一定距离差别的，这个距离差称为“内轮差”。由于内轮差的存在，内后轮会更向内侧行走，前、后车轮的运动轨迹形成扇形区域。人只要在这个扇形区域，即使离车辆还有一定距离，后轮还是有可能把人卷入车下而发生碾压或碰撞事故。通常来讲，车辆轴距越长、转弯幅度越大，形成的“内轮差”越大。重型货车的内轮差一般在 2 米以上，为确保安全，行人要与转弯货车有 2 米以上的距离。因此，我们碰到要转弯的汽车，不能靠得太近，不要以为汽车的前轮过去就没事了。因为有“内轮差”，如果离转弯的汽车太近，很可能被后轮撞倒压伤。

1.3 夏季谨防车内一氧化碳中毒

近年来，总有新闻报道有人在密闭车内睡觉导致死亡的不幸事件。到底是什么原因导致的惨剧? 为什么他们之前没能感觉到危险的来临? 对普通人而言，开着空调在车内睡觉，似乎是一件太过寻常的小事了，一般人根本无法把这件事与“死亡”联系在一起。

一氧化碳是一种无色无味的气体，若经呼吸道进入血液循环，会与血红蛋白亲和后生成碳氧血红蛋白，会削弱血液向各组织输送氧的功能，危害人体的中枢神经系统，造成人的感觉、反应、理解与记忆力障碍，重者危害血液循环系统，造成生命危险。而汽车的尾气中，就含有大量的一氧化碳。如表1.1所示，让你了解一氧化碳浓度数值给人带来的相对危害。

一氧化碳浓度及相应危害性　　表1.1

空气中一氧化碳浓度（PPM = 立方厘米）	相应危害性
50	健康成年人在8小时内可以承受的最大浓度
200	2～3小时后，轻微头痛、乏力
400	1～2小时内前额痛；3小时后威胁生命
800	45分钟内，眼花、恶心、痉挛；2小时内失去知觉；2～3小时内死亡
1600	20分钟内头痛、眼花、恶心；1小时内死亡
3200	5～10分钟内头痛、眼花、恶心；25～30分钟内死亡
6400	1～2分钟内头痛、眼花、恶心；10～15分钟死亡
12800	1～3分钟内死亡

为什么汽车尾气中的一氧化碳，会进入车内呢？汽车在行驶时，产生的一氧化碳会随着空气的快速对流而降低或消失。但在怠速情况下，即使在室外，如果没有风，一氧化碳就会积聚在汽车周围，时间越长，浓度越高。这个时候，如果你的车开的是外循环，车外的一氧化碳就有可能被大量吸入车内。

1.3.1　实验方案

1）实验目的

测试怠速状态下开空调车内的一氧化碳含量是否会升高。

2）实验设备

便携式一氧化碳浓度检测仪一台（图1.10），2万千米白色三厢测试车一辆（图1.11）。

3）实验内容

我们将在密闭车库内，将车辆原地点火并打开空调，然后将一氧化碳浓度检测仪放置在车内，在不同的时间段记录下车内一氧化碳的浓度变化。如图1.12、图1.13所示。看看在密闭车库这样的相对空气不流通的环境下，车内是不是真的会产生足以让人致命的一氧化碳。

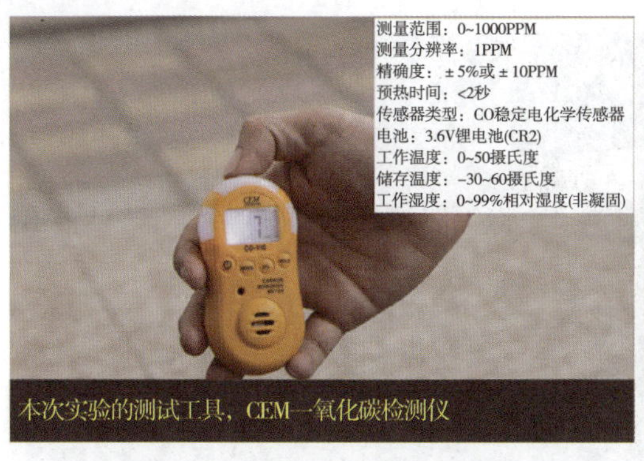

本次实验的测试工具，CEM一氧化碳检测仪

图 1.10　便携式一氧化碳检测仪

本次测试地点位于一个密闭车库，图中是本次参与实验的车辆

图 1.11　白色三厢测试车

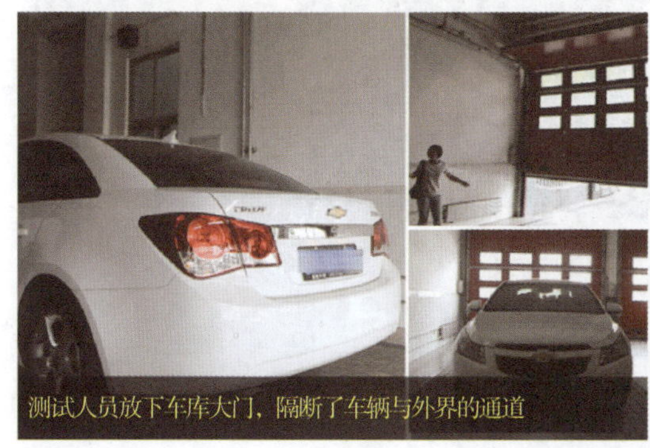

测试人员放下车库大门，隔断了车辆与外界的通道

图　1.12

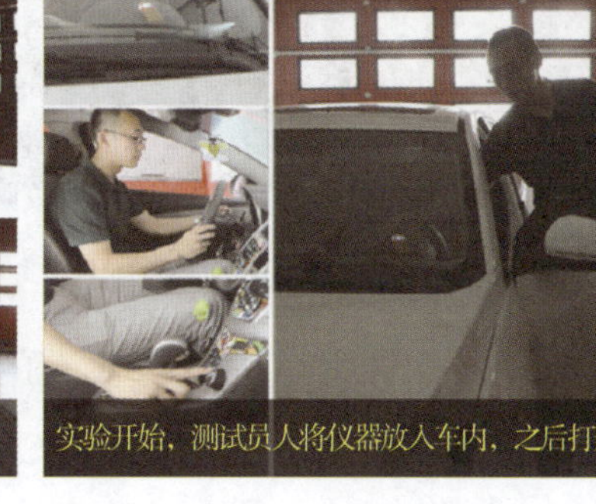

实验开始，测试员人将仪器放入车内，之后打开空调和外循环

图　1.13

4）实验步骤

我们将车辆驶入车库，测试人员关闭了车库大门，这样空气流通得不理想正是我们想制造的环境。

（1）测试人员将一氧化碳检测仪放置在车辆前风窗玻璃的位置，方便我们的记录人员在车外查看检测仪数据的变化。然后打开空调和外循环，将车辆的窗户、车门全部关闭，开始计时检测一氧化碳浓度值的变化。

（2）刚开始时，观察车内的一氧化碳（CO）浓度值，检测仪显示此时的数据是0PPM（PPM 是气体浓度的常用单位），表明在一开始，车厢内一氧化碳的含量极其少，达不到危害生命的程度。

（3）3 分钟时，我们看到检测仪的数据立刻产生了变化，由原来的 0PPM 提高到了 6PPM，而正常人体在 8 小时内能够承受的最大浓度值是 50PPM。

（4）在 45 分钟时间节点时，车内一氧化碳的浓度值突破了 50PPM 的关卡，达到了 56PPM。

如图 1.14 所示。

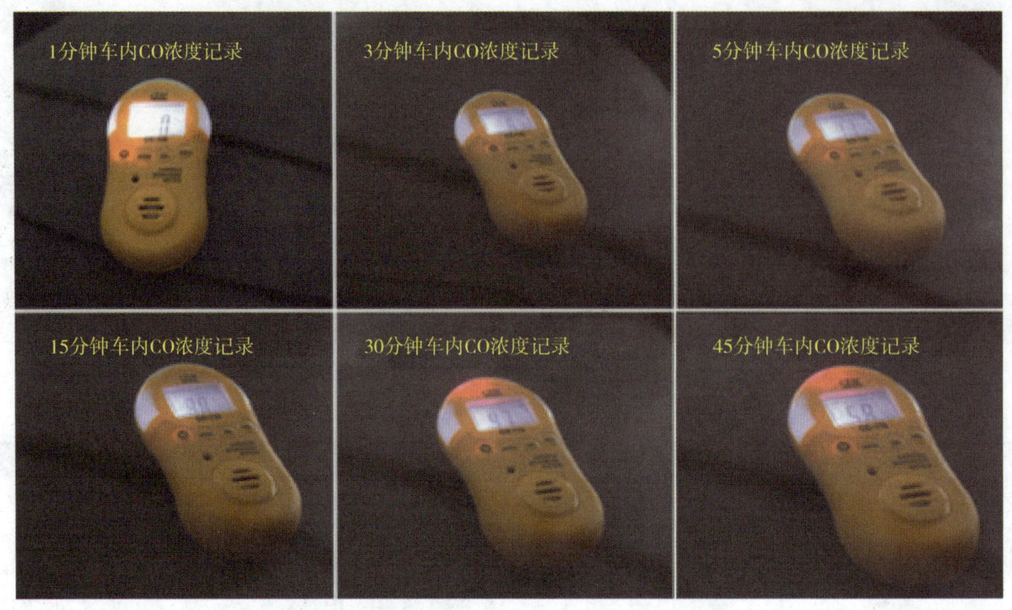

图 1.14　计时检测车内 CO 浓度

(5)随着时间的增长，车内一氧化碳的浓度值仍然在不断提高，表 1.2 内标红的数值说明 CO 浓度已经可以危害到正常人的生命安全了。

车内 CO 浓度随时间的变化　　表 1.2

时间（分钟）	车内 CO 浓度（PPM）	时间（分钟）	车内 CO 浓度（PPM）	时间（分钟）	车内 CO 浓度（PPM）
0	0	5	11	45	56
1	1	15	38	60	120
3	6	30	47	90	210

5)实验结论

通过实验，我们可以明显地看到，如果在类似地下车库等空气不流通的环境下停车开空调，车内一氧化碳的浓度会不断升高，直至危及车内人的生命。所以，请尽量不要在封闭、空气不流通的环境下，长时间留在车内。如果真的没有选择，请尽量打开车窗。

1.3.2　节目策划

1)提出命题

在密闭的环境下，停车开着空调容易造成一氧化碳中毒。

2)预期结论

通过两组实验，分别证实无论是在车库内，还是室外环境中，汽车怠速情况下开空调，一氧化碳都会聚集在车身周围。如果车内人吸入过多，会导致一氧化碳中毒。

3)主要内容

(1)将机动车停在一个地下车库内。

(2)实验员手拿一氧化碳测试仪。

(3)给测试仪一个特写镜头，测试仪数值为0。

(4)实验员起动车辆，在怠速情况下开启车内空调，观察一氧化碳测试仪数值。

(5)记录观察数值是否上升。

(6)邀请专家解读停车怠速开空调会导致一氧化碳中毒的问题。

1.3.3 脚本编排

解说：2011年8月6日傍晚5点多，在上海市松江区谷阳北路祥和花苑小区的一个底楼地下车库内，两人开着空调在车上中毒死亡，经调查死亡原因是一氧化碳中毒。

解说：类似的案件我们也听说过，本期节目就跟您聊一聊有关车内中毒的话题。

解说：为了测一下车辆空速怠转到底能产生多少一氧化碳，我们今天就通过实验测试一下。首先我们把车停在了一个地下车库内，请实验人员拿着一氧化碳测试仪测一下一氧化碳的浓度，数值为0，然后实验人员起动车辆，并开启空调外循环，然后我们实时观察一氧化碳的浓度。随着时间的变化，一氧化碳浓度值开始上涨，30分钟时涨到了4PPM，1个小时时涨到了11PPM，并且时间越长，浓度涨得越快。为了实验的严谨性，我们分别测了3辆不同型号的汽车1个小时时的一氧化碳浓度，分别为11PPM、18PPM和15PPM。

同期：(医院专家)一氧化碳是一种有毒气体，长时间大量吸入容易使人窒息。当我们吸入的空气中一氧化碳的含量多于10PPM时，就可能对人体产生一定的影响。实验中，1个小时后一氧化碳含量就已经超过10PPM了，所以这种情况下长时间在车内是很危险的。

同期：(汽车专家)汽车在怠速空转时，燃料不能完全燃烧，就会产生大量的一氧化碳尾气，车库内空气流通性较差，车内如果开着空调外循环的话，就会把这些一氧化碳抽到车内，时间长了车内的一氧化碳就会越来越多，使人中毒。

解说：可能有的朋友说了，车库内空气不流通，在室外就应该没事了吧。下面我们再来看一个案例。

解说：2012 年 1 月 29 日凌晨，在重庆一辆黑色越野车上的六人就因为在密闭的车内开着空调睡觉而酿成了惨剧。

同期：（交警）当时有一名群众向我们执法人员反映，发现路上停了一辆黑色的越野车，我们过去把门打开，发现几个人都已经深度昏迷了。

解说：交警随即将六人送往医院，虽然经过全力抢救，但是其中一名 14 岁女孩还是抢救无效死亡。

同期：（交警）根据现场的情况推论，估计是由于吸入大量的尾气造成的。

同期：（专家）汽车行驶时，产生的一氧化碳会随着空气的快速对流而降低或消失。但在怠速情况下，即使在室外，如果没有风，也是存在危险的，一氧化碳会积聚在汽车周围，时间越长浓度越高，同样会带来危险。

解说：一氧化碳是一种无色无味的气体，不容易被察觉，在密闭的环境下，停车开着空调很容易中毒，所以为了安全，最好不要在车上停留太长时间。

1.3.4 安全提示

汽车尾气中的一氧化碳浓度会随着汽车的行驶状况不同而发生变化，正常情况下，汽车在怠速时所排放的一氧化碳是正常行驶时所排放的一氧化碳数的两倍还多。这主要是车辆在怠速时，燃料因为燃烧不充分，产生大量的一氧化碳，而老旧车辆问题更严重。

还有一方面的原因，汽车在行驶过程中，即便是产生的一氧化碳从车后的排气管排出后不能通过空调系统进入车厢，但如果是在怠速的情况下，产生的一氧化碳仍会有一部分进入车内。

那么如何应对车内一氧化碳中毒呢？

1）不要在车内开着空调睡觉

因为车内密封好，通风较差，发动机排出的一氧化碳渗漏到车内会导致人一氧化碳中毒。正确的做法是，将车窗留一条两三厘米宽的缝隙，且每小时通一次风。

2）停车停空调

汽车门窗大多气密良好，车内外的空气难以对流。只有在车辆开动后，空气通过空调设备才产生对流。所以，如果车辆停驶时，仍开放空调，发动机排出的一氧化碳便可能逐渐聚集在车的周围，加之车内人员呼吸耗氧而排出二氧化碳，时间一长，车内氧气逐渐减少，乘员便会不知不觉中毒而失去知觉，严重时会丧失生命。所以，车辆在停驶时，不要过久地开放空调机；即使是在行驶中，也应经常打开车窗，让车内外空气产生对流。

3）发现一氧化碳中毒怎么办

如发现有人一氧化碳中毒，应该迅速打开所有车窗，然后将中毒者转移到通风保暖处平卧，解开衣领及腰带以利其呼吸顺畅，同时呼叫急救车。在等待急救车辆的过程中，对于昏迷不醒的患者可将其头部偏向一侧，以防呕吐物误吸入肺内导致窒息。

1.4 车牌架遮挡车牌白线不会被扣分

近年来，随着交警部门加大“科技强警”的投入力度，全国各地城区主次干道及主要路口（路段）到处可见“电子警察”的存在。这些装备的使用，对预防和减少道路交通事故的发生发挥了重要作用。但与此不相适应的是，极少数驾驶人并不是积极地遵章守法行驶，而是处心积虑、费尽心思，纷纷采用故意遮挡、污损机动车号牌来逃避“电子警察”对其交通违法行为的捕获识别，以逃避公安交警部门对其交通违法行为的处罚。故意遮挡、污损机动车号牌现象不仅是一种严重危害交通安全的违法行为，而且一旦发生交通事故，特别是重特大交通事故后，会给交警部门的侦破带来极大难度。机动车驾驶人伪造、变造、故意遮挡、污损机动车号牌的现象严重侵害他人利益，是一种严重交通违法行为。《中华人民共和国道路交通安全法》规定，对故意遮挡机动车号牌的行为，处200元罚款、记6分。随着执法力度的加大，遮挡号牌的行为在城市公路已经极少发生。但是，近年来网络上一直有传言，车牌架遮挡住车牌上的白线也属于故意遮挡机动车号牌的行为，驾驶人也会因此被扣分，这是真的吗？

1.4.1 节目策划

1）提出命题

最近网上盛传，机动车如果遮挡牌照上的白线，驾驶人会被扣分，如图1.15所示。因此，许多人都将牌照架拆了下去。车牌架挡住车牌白线真的会被扣分吗？

2）预期结论

汽车牌照周边的安全白线如果被牌照架遮挡，不会被扣分。

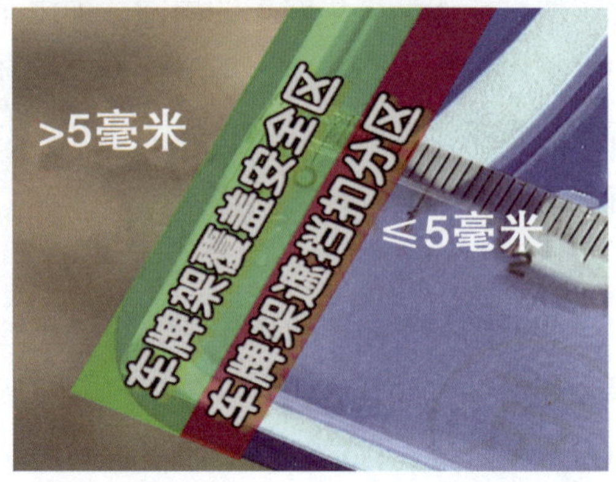

图 1.15　车牌架覆盖的安全区和遮挡扣分区

3) 主要内容

(1) 首先根据网络上网友的反应引出主题：车牌架挡住车牌白线会被扣分吗？

(2) 将采访对象分为两类：第一类是老车主们，采访他们对于这个说法采取了什么样的措施；第二类是新车主们，采访新车主们在提车之后是否会安装车牌架。记者可以走访北京市东郊汽配厂，询问修车师傅是否还有新车主安装车牌架。

(3) 总结上述两类人的意见，寻求解决的方法。

(4) 采访车辆管理所专家，进行答疑和辟谣。

1.4.2　脚本编排

导语：车牌架挡住车牌白线会被扣分，是真的吗？

解说：自 2013 年新交规施行以来，就开始有网友在网络上提出疑问："车牌架挡住车牌白线会扣分吗？"

(网友 1) "请问现在的车牌号是不是必须把车牌的那个白线露出来？"

(网友 2) "传闻机动车车牌架压住了车牌外边白线现在也视作遮挡号牌？"

(网友 3) "没有更换露出号牌边框白线的，抓到直接扣 12 分？"

解说：网络上甚至有报道称，有的车主为了怕违规扣分，干脆将车牌架直接掰掉。

画面：采访路人。

同期：

采访(路人甲)：我买了那个架，直接把它给卸下来了。

采访(路人乙)：有的朋友知道之后很担心，然后就把这个车牌架给卸掉了。

采访(路人丙)：当时我的朋友加了车牌架，他听到这个消息之后把车牌框撤掉了。

解说：这一传言，让许多老车主们纷纷选择主动将自己的车牌架拆掉，那么刚上牌的新车主们又有何反应呢？

画面：记者来到北京东郊汽配市场。

同期：（采访汽配市场师傅）。

（记者）："都不安装车牌架了是吧？"

（汽修师）："都不安装了，你看这车都不安装了，多数都不安装了。"

解说：根据我们的采访，"车牌架挡住车牌白线会被扣分"的说法流传甚广。但是这一说法到底是真是假呢？记者来到了北京市公安局公安交通管理局车辆管理所寻找答案。

同期：（专家）这个号牌的安装呢，有相关的标注（对其）进行规定。那么对于使用号牌固定装置的，要求号牌装置边框的下缘距离机动车编号的上缘之间的距离，不能小于5毫米。遮挡号牌的白色边框应该不成问题。

解说：专家告诉我们，关于这个问题，《中华人民共和国机动车号牌》安装标准中有明确的规定。机动车可使用车牌架辅助安装号牌，车牌架内侧边缘距离机动车登记编号字符边缘应大于5毫米。这一安装标准是适用于全国的。听到这里，那些仅仅因为遮挡了号牌白线而惴惴不安的车友们，这回可以放心了吧。

1.4.3 安全提示

1）车牌悬挂的要求

根据规定，机动车前号牌安装在机动车前端的中间或者偏右，后号牌安装在机动车后端的中间或者偏左，应不影响机动车安全行驶和号牌的识别；号牌安装要保证号牌无任何变形和遮盖，横向水平，纵向基本垂直于地面，纵向夹角小于15°；金属材料号牌的安装孔均应安装符合GA 804的固封装置，但受车辆条件限制无法安装的除外；使用号牌架辅助安装时，号牌架内侧边缘距离机动车登记编号字符边缘大于5毫米。

对于临时牌照的悬挂也有相应的要求，临时入境汽车号牌应放置在前风窗玻璃右侧，临时入境摩托车号牌应随车携带；临时行驶车号牌应粘贴在车内前风窗玻璃的左下角或右下角不影响驾驶人视线的位置，载客汽车的另一张临时行驶车号牌应粘贴在车内后风窗玻璃左下角；没有风窗玻璃的机动车，临时行驶车号牌应随车携带。

2)故意污损号牌的处罚

部分驾驶人故意将车辆号牌划伤，甚至将号牌上抹上黄油等容易沾染灰尘的物品，起到污损的效果，一旦被查获，都将依照不按规定悬挂号牌处理。交管部门表示，号牌字符被涂改，不能复原；号牌字符的反光性能不一致或底色反光不均匀；号牌的安装孔损坏或其他物理化学损坏；号牌的底色或字符颜色有明显褪色；机动车登记编号不完整等情况下，都应及时申请更换号牌。如果发现存在故意污损的情况，将受到相应处罚。

3)遮挡号牌的处罚

(1)驾驶机动车上道路行驶，应当悬挂机动车号牌，机动车号牌应当按照规定悬挂在车前、车后指定位置，保持清晰、完整，不得故意遮挡、污损。

(2)安装号牌时，每面至少要用两个统一的压有发牌机关代号的号牌专用固封装置固定，除受车辆条件限制外，每个号牌的4个安装孔均应当安装固封装置。

(3)上路行驶的机动车未悬挂机动车号牌，公安机关交通管理部门应当扣留机动车，通知当事人提供相应的牌证或者补办相应手续，处警告或者20元以上200元以下罚款，记12分。

(4)故意遮挡、污损或者不按规定安装机动车号牌的，处警告或者20元以上200元以下罚款，记12分。

(5)使用伪造、变造的机动车号牌，由公安机关交通管理部门予以收缴，扣留机动车，并处200元以上2000元以下罚款，记12分。

1.5 改装氙气大灯或成“马路杀手”

1.5.1 实验方案

1)实验设备

实验车、与车型对应的氙气灯及安定器、透镜灯配套组件、前照灯改装工具、实验设备器材。

2)实验人员

(1)前照灯改装人员：具有一定的车灯改装经验，能够调整前照灯聚焦、配光。

(2)实验设备操作人员：熟悉实验流程、熟练操作检测仪器和记录输出实验数据。

3）实验流程

（1）检验前仪器及车辆准备。

①检测仪受光面应清洁。

②对手动式前照灯检测仪，应检查其电池电压是否在规定范围内。

③轨道内应无杂物，使仪器移动轻便。

④前照灯应清洁。

（2）检验方法。

用自动式前照灯检测仪检验时：

①车辆沿引导线居中行驶至规定的检测距离处停止，车辆的纵向轴线应与引导线平行，如不平行，车辆应重新停放或采用车辆摆正装置进行拨正。

②置变速器于空挡，车辆电源处于充电状态，开启前照灯、远光灯。

③给自动式前照灯检测仪发出启动测量的指令，仪器自动搜寻被检前照灯，并测量其远光发光强度及远光照射位置偏移值。

注：前照灯远光照射位置偏移值检验，仅对远光光束能单独调整的前照灯进行；远光光束能单独调整的前照灯是指手工或通过使用专用工具能够在不影响近光光束照射角度的情况下调整远光光束照射角度的前照灯，通常情况下，远近光束一体的前照灯其远光光束照射角度不能单独进行调整。

④被检前照灯转换为近光光束，自动式前照灯检测仪自动检测其近光光束明暗截止线转角（或中点）的照射位置偏移值。

⑤按上述步骤③、④完成车辆所有前照灯的检测。

⑥在对并列的前照灯（四灯制前照灯）进行检验时，应将与受检灯相邻的灯遮蔽。

如图 1.16 ~ 图 1.19 所示。

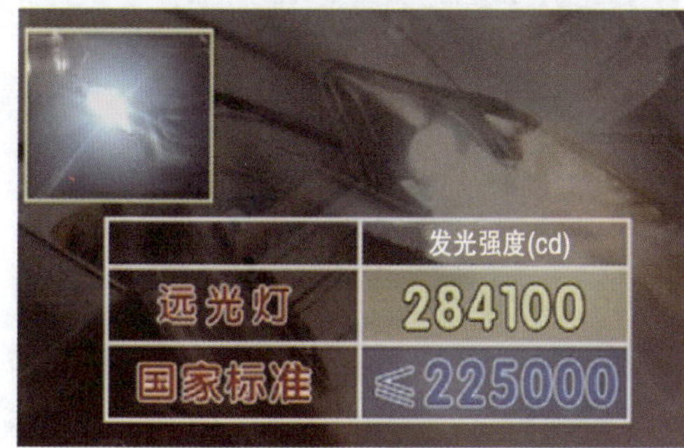

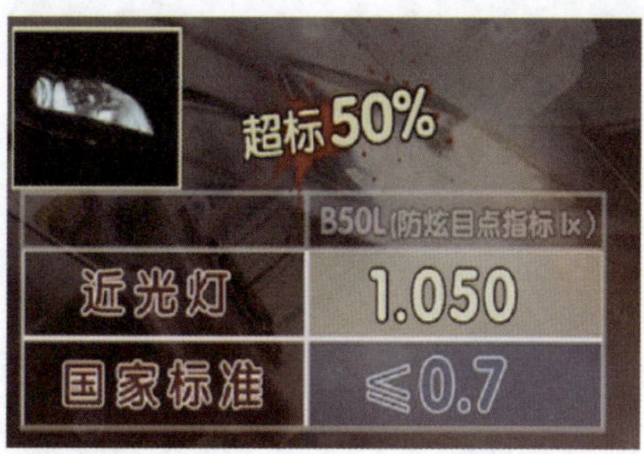

图 1.16 远光灯和近光灯国家标准

图 1.17　前照灯对比实验

图 1.18　原装灯测试实验

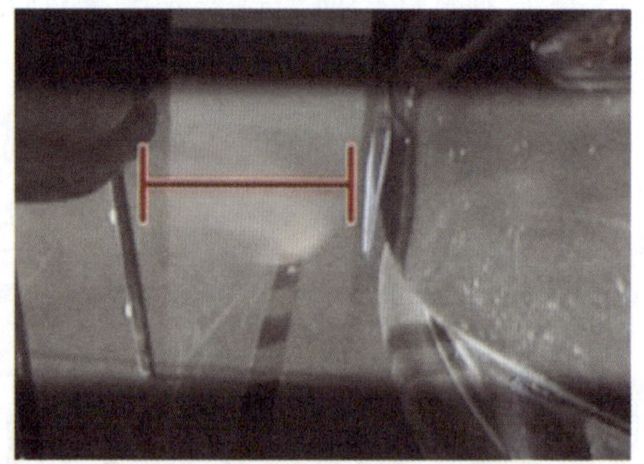

图 1.19　改装灯测试实验

1.5.2　策划要点

记者调查市场改装氙气灯的乱象，发现很多人为了追求车灯更亮，选择更换氙气灯，可是随意改装的氙气灯，会存在亮度过高、不对焦等问题，成为安全隐患。把普通卤素车灯和氙气灯做亮度对比，证实改装的氙气灯亮度比普通远光灯还要亮

2~3倍。专家讲解私自改装氙气灯的危害，提醒大家，不要为了追求亮度，私自改装车辆。策划要点如下：

(1)选择一辆原装前照灯为卤素灯的轿车作为实验车，并配备一辆相同型号的原装对比车以及一辆用于道路测试的观测车。

(2)前往汽配城或改装店，参照市场主流的氙气灯改装方案进行改装。

(3)改装后，进行灯光实验以及道路模拟驾驶。

(4)实验结果对比分析。

(5)恢复实验车原配置，完成节目录制。

1.5.3 脚本编排

导语：改装氙气灯，或成马路杀手，是真的吗？近期，关于不要滥用远光灯的微博再次引起网友热议，在会车时，因为滥用远光灯而引发的车祸常有发生。就在大家纷纷吐槽被远光晃眼的愤怒时，有网友提出，更大的杀手其实是私自改装的氙气灯。在某汽车论坛的头条调查中，有63%的人都表示，曾经有过被氙气灯照得炫目的经历。出于被别人车灯晃的不满，更有42%的车主表示自己也会改装氙气灯。据了解，目前，汽车车灯使用最广泛的是卤素灯，而氙气灯是用高压氙气代替了传统钨丝，提供更聚集的照明。现在，有一些中高端的车型就是配的氙气车灯。可是，不是氙气车灯的汽车，也可以自行安装氙气车灯吗？我们到某大型汽配城调查真相。我们以想更换一个更亮的车灯为由，向商家咨询。在咨询的过程中，几个商家不约而同地为我们推荐了氙气灯。看来，氙气灯的确是可以随意改装的。可是，在我国，是否允许将原车的卤素灯改为氙气灯呢？

同期：其实个人私自改装氙气灯，是违反我国《道路交通安全法》的，这种行为实际上是一种违法行为。

解说：专家解释，原装氙气灯有原装透镜等配套装置，并且有严格的技术标准把关。而现在市场上改装的氙气灯，由于缺少相应规范及管控，存在的安全隐患较大。私自改装的氙气灯会有什么问题呢？为了得到答案，我们将改装完的车辆开到了北京市产品质量监督检验院汽车检测中心进行检测。

解说：我们首先对远光灯的发光强度进行检测。经过检测，氙气灯的发光强度是284100cd，超出国标26%。

同期：本次检测的氙气灯的发光强度是我们普通卤素灯的2~3倍，这样就会造成在会车情况下，即使在距离非常远的时候，也会对来车方向的驾驶人造成很明显的炫目感。

解说：远光灯亮度过高不符合要求，那么近光灯又会怎么样呢？近光灯的检测需要将车灯拆下，在暗室内，检测车灯打出的光型。经过检测，近光灯防炫目点指标为 1. 050lx，超出国标 50% 。

同期：B50L 这个点的含义是距前照灯 50 米处迎面而来的驾驶人眼睛的位置，也就是俗称的防炫目点。

解说：专家解释说，防炫目点超出标准就意味着用近光灯会车时，对面 50 米以内驾驶人会有明显晃眼的感觉。改装的氙气灯的多项指标都超出了国家标准。

实验解说：这是两辆同型号的汽车。一辆是改装氙气灯的车，另一辆是原装卤素灯的车。如果两辆车会车时没有关上远光灯，谁的危害会更大呢？我们先来测试原车灯的汽车。在车道上准备了一辆黑色的会车车辆，在路中间摆放一个拟人障碍物。为了安全，我们让白色车辆原地不动，黑色车辆以 5 千米/小时的速度行驶，看到障碍物立刻停车。

远处的远光灯几乎使驾驶人看不见道路。发现目标，驾驶人及时踩住制动踏板，这时，障碍物与汽车之间仅有 4 米。这还是汽车在超低速下行驶，如果速度快的话，驾驶人很有可能来不及踩制动踏板。接下来测试安装氙气灯的车辆，为了保障安全，工作人员在汽车快要撞上障碍物时及时喊了停车。而此时在驾驶人的位置，看到的还是一片光亮。完全没有看到障碍物。如果此时障碍物是真人，也没有工作人员及时喊停的话，后果可想而知。如此看来，改装的氙气灯，的确是更加危险。

1. 5. 4　安全提示

一是减速慢行。在驾驶途中，遇到对向车辆一直开着远光灯，我们一定要减速慢行甚至是靠边停车，将它安全地让过去再继续行驶。因为这时候除了刺眼的强光之外，前方道路旁的一切事物都是无法看清的，包括前方的路况及有无其他车辆和行人。特别是夜晚驾驶小轿车遇到 SUV 或者大卡车开远光灯，更是应该减速慢行乃至停车，因为 SUV 或大卡车的远光灯相对于轿车，更容易晃到眼睛。

二是视线避开发光点。前面已经介绍到了，在与远光灯车辆会车时，驾驶人的瞳孔会瞬间缩小，导致视觉盲区的出现。所以，在发现前方车辆开着远灯光的时候，我们就要尽可能躲开发光点，虽然也刺眼，但是能缓解一下恢复到黑暗后对于道路的观察。眼睛可以看前方道路右侧的边缘处，这样避免被晃的同时还可以看到一些道路的情况。

三是闪几下远光灯提示对方，千万不要长时间开远光灯进行反攻，因为也许对向驾驶人根本不知道自己正在开着远光灯；而且开远光灯去反击对方，这样会造成对方的眼睛也成致盲状态，他同样看不到这边的情况。两个对向车都看不清对方的情况是十分危险的，更容易造成车辆剐蹭、碰撞等事故的发生。

第2章 道路安全篇

道路环境是影响机动车行驶安全的主要因素之一，道路环境主要包括道路设施、交通标志、安全设施、道路线形、路面状况、天气状况等。许多没有设置完善交通标志及安全设施的路段容易造成驾驶人对道路安全警戒意识的松懈，导致更为严重的交通事故。天气状况也对交通安全有重要影响，比如在冰雪、雨雾等恶劣天气条件下，行车安全系数会随之下降。

2.1 冰雪路面制动距离超过正常路面的4倍

冰雪覆盖的道路上，路面摩擦系数显著降低，容易引发道路交通事故。几乎每一场雪都会引发多起交通事故。冰雪路面制动距离通常为正常情况下的4～5倍。行车安全距离与车速、路面附着条件、制动系状况、驾驶人的反应和视距有关。当驾驶人发现前方车辆太近或有障碍物采取制动措施后，车辆滑行一段距离而不至于导致撞车事故的距离称为停车视距。车速越高、路面附着条件越差，车辆制动后滑行的距离就越长，因此要求的停车视距就越大。城市道路机动车与非机动车及行人相互干扰、交织严重，冰雪条件下城市道路交通事故发生频率更高。本次将通过实验来证实冰雪路面的制动距离是正常路面的4倍以上，从而提高人们在冰雪路面上行车的安全意识。

在提高安全意识的同时，驾驶人还应该掌握冰雪路面行车的几点注意事项：

(1)汽车在冰雪路面上起步时，驱动轮容易出现打滑现象。在未装防滑链的情况下起步，要保持发动机低速运转，慢抬离合器踏板，保持较小驱动力，以适应路面较小的附着力，避免车轮滑转。如出现起步困难，可在驱动轮下铺垫干草、炉渣、沙土等杂物，以提高车轮附着力，确保汽车起步平稳。

(2)汽车通过结冰路面时，由于路面冰冻湿滑，车轮附着力降低较多，容易发生空转和横滑。因此，在通过前要做好防滑准备，车轮装置防滑链或在冰面上铺撒沙土，以增大车轮附着力，保证汽车安全通行。

(3)在结冰路面上行驶，必须根据道路情况，选择适当的挡位。如在极光滑的结冰路面上行车，应用低速挡缓慢通行。如需在光滑的冰路面提高车速，应逐渐加速，以防驱动轮因突然加速而打滑。

(4)在结冰路面上行驶，如需处置情况或通过桥梁、窄路时，必须提前放松加速踏板，利用发动机的牵阻作用减速慢行，尽量避免使用制动器减速，更不可使用紧急制动。如必须使用制动器减速，可适当使用驻车制动器，以免汽车发生侧滑。

(5)结冰路面转弯时，车速一定要缓慢，并适当增大转弯半径，切不可急打转向盘，以免汽车出现侧滑。

2.1.1　实验方案

1)实验目的

验证车辆在冰雪路面上行驶，遇情况紧急制动时，制动距离高于一般干燥路面的4倍以上正确与否。

2)实验设备

测量尺、实验汽车、结冰路面。

3)实验步骤

在国家体育总局汽车摩托车运动管理中心培训基地，分别以30千米/小时、40千米/小时、50千米/小时的车速行驶，对比干燥路面和冰雪路面制动距离，并结合理论模型测算、计算机模拟仿真结果进行验证。如表2.1所示。

干燥路面和冰雪路面制动距离对比　　表2.1

车速 路面类型	30千米/小时	40千米/小时	50千米/小时
干燥路面	3米	4.2米	7米
冰雪路面	18.8米 多次制动均在20米左右	33米 多次制动都超过30米	51米 多次制动都超过50米，车身有明显摇摆

2.1.2 节目策划

1)提出命题

车辆在冰雪路面上行驶，遇情况紧急制动时，制动距离会大大延长，是一般干燥路面的4倍以上，是真的吗?

2)预期结论

通过实验，提取数据，证明车辆在冰雪路面上行驶，遇到紧急制动时，制动距离一般是干燥路面上行驶的4倍以上。

3)主要内容

(1)通过视频内容说明冰雪天气容易发生交通事故，引出题目：冰雪路面紧急制动，制动距离会大于一般路面4倍以上吗?

(2)在路面上喷水，制造冰雪路面，选择一款大众型四驱车，在冰雪路面与正常路面分别做实验，比较制动距离。

(3)车速定为30千米/小时(图2.1)，分别在冰雪路面与正常路面上进行制动。测量制动结果。

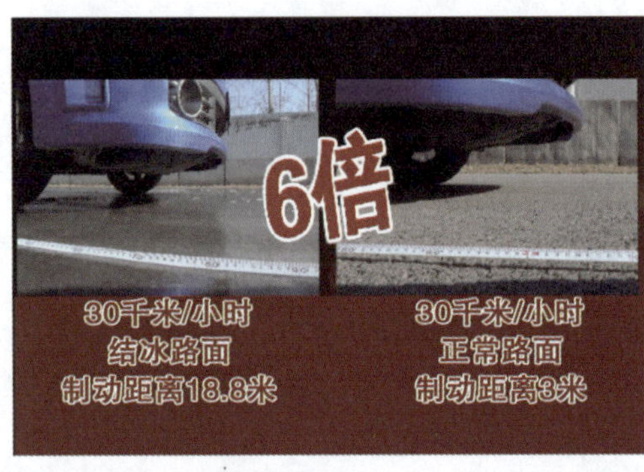

图2.1 结冰路面和正常路面制动实验对比(30千米/小时)

(4)将车速提高到40千米/小时(图2.2)，分别在冰雪路面与正常路面进行制动，测量制动结果。

(5)将车速提高到50千米/小时(图2.3)，分别在冰雪路面与正常路面进行制动。测量制动结果，观察机动车行驶状况。

(6)道路安全领域专家解读实验，发布安全提示。

2.1.3 脚本编排

导语：冰雪路面制动距离能达到正常路面的4倍以上，是真的吗?

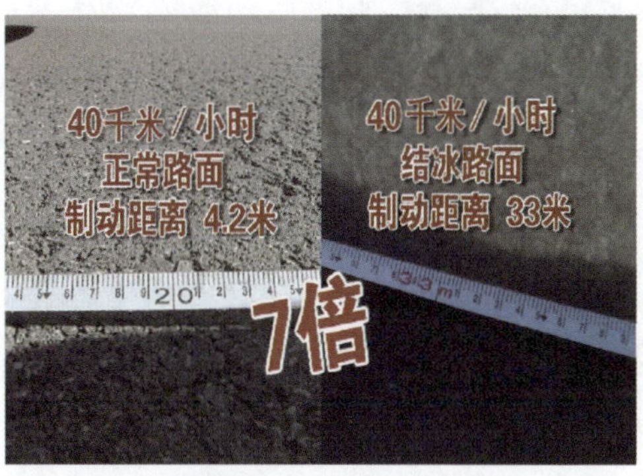

图 2.2 结冰路面和正常路面制动实验对比(40 千米/小时)

图 2.3 结冰路面和正常路面制动实验对比(50 千米/小时)

解说：电影中紧急制动漂移的镜头尤其出彩，但是这些镜头如果发生在现实生活中却十分危险，尤其在冰雪天气中。春节期间，不少人会选择开车回家，当然也避免不了雪天开车的情况，路面湿滑制动不住车，是冰雪天气中开车最严峻的考验。有新闻报道，冰雪路面紧急制动时，会使制动距离大大延长，达到一般干燥路面的 4 倍以上。

解说：众所周知，冰雪路面上难制动，那么它的制动距离到底有多远呢？真的会有 4 倍以上吗？由于今年入冬以来北京一直没有降雪，因此我们决定人工造冰模拟冰雪路面。白天在实验场上浇水，一个晚上之后就变成了这个样子。

同期：(专家)在实验中模拟的冰雪路面，在现实生活中也会经常遇到，相当于深夜刚刚结冰以后没有经过太多车辆碾压的效果。

解说：为了保证实验的安全性，我们选择了一辆比较常见的运动版四驱轿车作为实验对象，对比该辆汽车在正常路面和冰雪路面的制动距离。由于雪天车速不会太快，我们第一次实验的车速定为了 30 千米/小时。

解说：那么在冰面上的制动距离是多远呢？竟然是正常路面的 6 倍还多。那么随着车速的提高，制动距离又会有什么样的变化呢？第二轮实验，我们将车速提高到40千米/小时，结冰路面比正常路面的制动距离高出了7倍还多。

解说：那么速度为50千米/小时两种路面的制动距离又会是多少呢？这样算下来，结冰路面50千米/小时的制动距离依然是正常路面的7倍还多。

解说：同时我们还发现当车速达到50千米/小时时，制动后车辆出现了明显的摇摆。尽管驾驶人是一位赛车教练并且尽力想要保持车辆平稳，但车辆仍然出现难以控制的摇摆情况。在接下来的几个小时里，我们多次重复了实验，测量得到的数据与之前的数据相差无几。

解说：从实验结果来看，冰雪路面的制动距离确实能达到正常路面的4倍以上，那么这个说法是否适用于所有车辆呢？

同期：(专家)为了保证实验的安全性，我们选用的是运动版的车辆，制动性能比较好，对于普通民用车辆在同种路面上的制动距离会更长一些。

解说：那么在冰雪天气的恶劣条件下，我们该如何开车呢？

同期：(专家)一是起步要缓；二是转弯要缓；三是制动要缓；四是行驶要稳，控制好车速，保持安全车间距。此外，路面薄冰因不易被察觉，容易使驾驶人放松警惕，造成麻痹，对行车安全更为不利。

2.1.4 安全提示

(1)冰雪天气，驾驶人最好在出行之前安装防滑链，不要在遇到冰雪路面之后再安装。如需中途安装、拆卸防滑链，要将车辆停放在安全地带，设置必要的交通警示标志。

(2)雪天行车，要保持安全车速，与前车保持安全距离，行驶中随时观察前方和三个后视镜，注意左右两侧的车辆。如果速度较高时需要尽快制动，可以直接减挡降低车速，缓踩制动踏板，避免紧急制动。

(3)在雪地行车中，尤其是积雪覆盖的道路，有时沟壑被积雪掩盖，道路的轮廓难以辨别，行车时应根据道路两旁的树木、电线杆等参照物判断行驶路线，低速行驶，有车辙的路段应循车辙行驶，不可急打转向盘，以防车辆侧滑偏出道路。

(4)雪天行车，为了防止驱动车轮滑转，可使用比平时高一级的挡位起步。起步时，要尽量平稳地松抬离合器(手动变速)，或缓踏加速踏板(无级变速)，缓慢起步，防止起步过急时车轮滑转或侧滑。

(5)雪天行驶中要保持低速、匀速，缓打转向盘，轻踏、缓抬加速踏板，以免驱动轮产生侧滑。转弯前要适当降低车速，适当增大转弯半径，以防离心力增大引起侧滑。不要空挡滑行。

(6)雪天行驶，超、会车应选择比较安全的地段靠右侧慢行，适当增大两车的横向间距，且与路边保持一定距离，必要时，可在较宽的地段停车让行。

(7)在雨雪天气跟前车行驶时，应与前车保持较大的纵向距离，一般为正常道路条件的1.5~3倍。

(8)山区冰雪道路上行车，发现前车正在爬坡时，后车应选择适当的地点停车，等前车通过后再爬坡；在山区低等级冰雪道路遇坡道时，上坡车应当让下坡车先行。

(9)雪天行车为防止制动不当造成侧滑或甩尾，无论汽车是否安装有制动防抱死装置(ABS)，制动时都要握稳转向盘，尽量保持直线行驶时制动，并轻踏制动踏板，避免紧急制动。

(10)由于冰雪路跟车纵向安全距离是干燥路面上的3倍，跟车行驶应与前车保持较大的纵向距离，一般为正常道路条件的1.5~3倍。遇有前车放慢速度，后车需要减速时，采用间歇缓踏制动踏板附以驻车制动器的方法，切忌将行车制动器一脚踏。

(11)在冰雪路面上行车，应携带必要的防滑、取暖用品。

(12)冰雪路面行车，起步时若发现轮胎已被冻结于地面，应先用十字镐挖开轮胎周围的冰雪、泥土，以防损坏轮胎和传动机件。

(13)冰雪路面行车，若驱动轮打滑，应铲除车轮下的冰雪，并在驱动轮下撒些干沙、煤渣、柴草等物，或用铁镐将路面刨成“X”形槽或“Y”形槽，以提高附着性。

(14)积雪覆盖道路时，驾驶人应根据道路两旁的树、路标、水渠等仔细观察，判明行车路线，沿着道路中心或积雪较浅处通过。

(15)冰雪路上行车要控制车速，转弯或下坡时将车速控制在能随时停车为好；需要加速或减速时，加速踏板应缓缓踏下或松开，以防驱动轮因突然加速或减速而打滑。

(16)冰雪路面行车应避免跟车过近。由于冰雪路面的阻力只有干燥沥青路面的1/4，因而制动的非安全区大大增加。驾驶人应根据地形、车速、装载等情况，与前车拉开距离。

(17)在冰雪道路上尽可能避免超车，必须超车时要选择宽敞、平坦、冰雪较少的路段超车，不得强行超车。

(18)在雪后行车，由于雪对阳光的反射，易使驾驶人双目畏光、流泪，视力下降(即雪盲症)，行车中应佩戴有色防护眼镜，并注意休息。

2.2 高速驶入隧道会有30米视觉盲区

汽车安全影响着千家万户的幸福，决定着汽车行驶是否安全的因素有许多，其中环境因素是重要的因素之一。汽车在行驶环境中存在盲区，更是加大了行车的危险性。驾驶人对于行驶过程中出现的盲区如果有清醒的认识、充足的应对常识，就可以避免许多事故的发生。

所谓盲区是指汽车在行驶过程中由于种种原因而造成的驾驶人视野之外的区域。汽车在行驶过程中可能会遇到各种各样的盲区，这些盲区有的是静态的，有的是动态的。静态盲区主要是由于汽车本身机构、道路周边设施等因素形成的驾驶人视觉之外的区域。所谓动态盲区是指汽车在行驶过程中不断产生、又不断消失的驾驶人视野之外的盲区。盲区对于驾驶人而言，会造成驾驶人瞬间视区情况不明，这时极易导致交通事故的发生。

本次实验中，我们测试的盲区为隧道入口和出口30米处的视觉盲区。因为隧道出入口事故频发，其罪魁祸首就是驾驶人在进出隧道时会产生短暂的视觉盲区，这是一种动态盲区，虽然会很快消失，但是由于高速公路行车速度过快，即使是几秒钟的时间也足以引发交通事故。

2.2.1 实验方案

使用同济大学驾驶模拟器进行测试(图2.4)。模拟在隧道内40米处放置一个物体，汽车以120千米/小时的速度进入隧道，看是否能避让开隧道内物体并及时制动。结果显示，汽车不能及时制动或避让该物体。当将物体放置在正常路段时，汽车以120千米/小时的速度行驶时，可以在物体前制动(图2.5～图2.7)。

图2.4 同济大学驾驶模拟器

图2.5 障碍物在隧道内外的位置

图 2.6　进入隧道时驾驶人见到障碍物时的反应实验

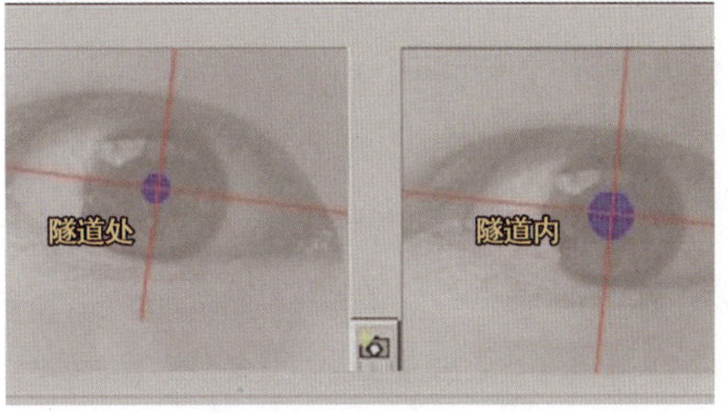

图 2.7　车载眼动仪检测到的隧道内外驾驶人瞳孔变化

2.2.2　节目策划

1)提出命题

高速进入隧道会有 30 米的视觉盲区吗?

2)预期结论

车辆以 120 千米/小时的速度在隧道路段和正常路段行驶，行驶前方放置障碍物，验证驾驶人在正常路段可以停在障碍物前方，而在隧道路段驾驶人只能越过障碍物停下，因此得出结论，高速驶入隧道会有 30 米左右的视觉盲区。

3)策划要点

(1)首先，通过隧道事故案例，说明隧道入口处和出口处是极易发生交通事故的。

(2)在驾驶模拟器中，以 120 千米/小时的速度行驶进入隧道，前方放置 0.1 米 × 0.1 米 ×0.1 米的障碍物，测试驾驶人是否能在障碍物前停下来。结果：无法在障碍物前停车。

(3)模拟正常路段，以 120 千米/小时的速度行驶，前方放置 0.1 米 ×0.1 米 × 0.1 米的障碍物，测试驾驶人是否能在障碍物前停下来。结果：可以在障碍物前停车。

(4)对比分析实验结果，得出结论：隧道环境比较暗，所以遇见障碍物时已经来不及紧急制动。隧道环境突然变暗，人的瞳孔需要1.2秒的反应时间，这时候如果车速过快，就会产生30米左右的视觉盲区。

(5)通过实验证明了“高速驶入隧道会有30米的视觉盲区”，专家解读并进行安全提示。

2.2.3 脚本编排

导语：高速进入隧道会有30米视觉盲区，是真的吗？

解说：2014年3月1日，晋济高速山西省晋城境内隧道发生追尾事故，事故导致前车甲醇泄漏并起火燃烧。2009年2月，湖南怀化庙山隧道入口不远处发生一起十车连环碰撞事故，在第一辆大货车发生事故横摆在隧道内后，又有9辆不同型号的车未能及时发现隧道内的事故，接连发生碰撞。

同期：隧道行车的安全问题一直是大家关注的焦点，有不少网友反映：

(网友1)“白天在高速路上开车进入隧道的一瞬间，真的什么都看不见。”

(网友2)“我发现进入隧道车速太快的时候，总有那么30多米的距离基本什么都看不见。”

解说：那么这个说法是真的吗？在工作人员的陪同下，我们来到同济大学，用这里的驾驶模拟器进行实验。

同期：(专家)这是我们同济大学交通行为与交通安全模拟实验平台，可以模拟任何物体的运动。我们可以看到里面是一个真实的车辆，周边一圈是一个环形的240度的投影，可以给驾驶人一个真实的驾驶环境。这个车辆同时装备了眼动仪，眼动仪主要的作用是记录驾驶人视线的方向以及驾驶人在行车过程中瞳孔的大小。

解说：隧道在高速公路上比较常见，高速正常路段，限速一般是120千米/小时，隧道限速一般为80千米/小时左右。因此，我们在模拟器中设置了一个80千米/小时的隧道。在高速上开车，难免会遇到一些突发状况。如果这些突发状况发生在隧道里，会发生什么情况呢？我们在模拟器模拟的隧道里放置一个障碍物。

同期：(专家)道路的建设是有一定的保障的，只要按照我们限制的速度驾驶，那么一定能保证一旦你看见障碍物就能够在这样的障碍物之前停下来。那么这个障碍物多大呢？大概是0.1米×0.1米×0.1米的大小。

解说：专家告诉我们，隧道事故多发在入口 40 米左右的位置，因此我们将一个相当于粉笔盒大小的障碍物放置在入口 40 米处。刘师傅是我们本次实验的驾驶人，他是一位有十多年驾驶经验的老驾驶人，为了能更直观地感受到驾驶人开车时的情形，我们让刘师傅戴上了头戴摄像机。

同期：（研究人员）刘师傅这一组我们保持在 120 千米/小时的速度，然后看到障碍物紧急制动，不要躲避，好吗？

同期：（刘师傅）好的。

画面：刘师傅发动车。

解说：如果我们以 120 千米/小时的速度不减速进入隧道，在不告知刘师傅障碍物在哪里的情况下，刘师傅会把车停下来吗？

画面：刘师傅看到障碍物后紧急制动，但是已经越过障碍物了。

同期：（刘师傅）眼睛感觉还是看不太清楚，等看到障碍物的时候根本就来不及紧急制动了，结果还是撞上去了。

解说：也就是说，等刘师傅看到隧道里的障碍物之后，已经来不及紧急制动了。那么如果我们把障碍物放置在正常的路段，同样是 120 千米/小时的速度，刘师傅能停下来吗？

画面：在正常的路段，刘师傅看到障碍物后紧急制动，车停了下来，没有越过障碍物。

解说：通过两个实验可以明显看出，同样是 120 千米/小时的速度，障碍物放置在隧道里和放置在正常路面上的效果完全不同。而专家告诉我们，造成这样结果的原因有两个。

同期：（专家）由于高速公路上的隧道的设置，在隧道里面是一个比较暗的环境，看见障碍物的时间较正常的路段要晚很多。

解说：也就是说，隧道会影响驾驶人的视线。除此之外，专家还告诉我们，更可怕的是，隧道会对驾驶人的瞳孔造成影响。通过眼动仪，我们对驾驶人进入隧道瞬间瞳孔的变化进行了捕捉。

同期：（专家）在隧道外面，我们的瞳孔相对来说是比较小的，那么一下进入一个暗室的情况下，瞳孔会突然放大。当驾驶人以 120 千米/小时的速度进入隧道时，完成这样瞳孔变化的时间大约是 1.2 秒。由于瞳孔速度的变化太快，而人的生理上是没有办法满足这样的变化速度的，所以会产生 1 ~ 1.2 秒的盲区。那在这1 秒钟，如果车辆按照 120 千米/小时的速度，那么它大概要行驶过去 30 多米。也就是说有

30多米的距离，驾驶人什么都看不清。

画面：隧道内交通事故视频资料。

解说：研究表明，隧道入口前50米和出口100米附近的区域都是事故的高发段。我们拍摄完在返回的途中，就发现在一个隧道出口处发生了一起大货车追尾事故，两辆货车均受到不同程度的损坏，后车尤其严重，驾驶舱右侧受撞击后严重变形。那么对高速驶入隧道行车问题，我们应该注意什么呢?

画面：交通监测室。

解说：首先，在进入车道之前要打开车灯，降低车速，以便更好地适应光线明暗的变化，握好转向盘，避免车辆偏离车道。其次，在隧道内要保持安全车速和车距，不能变换车道超车或随意停车。最后，在驶出隧道前，要看清楚隧道外面的路况，保持原来的车道平稳地驶出隧道。

2.2.4 安全提示

(1)看标志。隧道前都有宽、高、车速限制的交通标志，警告标志都是经过科学计算的，按照它的指示不会出问题。

(2)开近光灯，既能看清前车，也让后车看清自己的车。提前50~100米打开近光灯。开远光灯会使驾驶人视觉感受瞬间致盲，非常危险。

(3)进出隧道口均要减速，鸣喇叭。进入隧道前200米就要开始减速。由于出口的光线刺眼，驾驶人很难立即看清楚前方路况，一旦出口有事故车辆停放，超速行驶易酿惨剧。

(4)与前车保持50米以上的车距。隧道越长，与前车车距也应相应拉大。

(5)按线行驶，不超车。

2.3 货车长下坡容易发生制动失效

在我国道路交通事故中，大货车是引发交通事故的罪魁祸首。2013年的统计数据表明，重型货车总共引发事故19087起，占事故总数的40.57%，导致的死亡人数占总数的50.1%。因此，大货车引起的肇事比例和死亡率不容小视。2013年以来，货车超载肇事导致道路交通事故1425起，造成1094人死亡、1145人受伤。

我国现有的山区高速公路中存在较多的长大下坡路段，尤其是大货车在这些路段上因制动失效而发生的事故概率相对较高，一旦发生则多为重特大交通事故。制动器持续制动导致制动鼓温度超过其安全温度并出现“热衰退”现象，是大货车出现制动失效的直接原因。厦蓉高速公路和溪路段，以连续 14 千米的长下坡闻名，曾有许多货车在这里离奇失控，从 2004 年高速通车至今，夺走了 109 条生命。据当地交管部门统计，造成夏蓉高速公路事故多发的原因主要有大货车驾驶人违规操作和大货车超载行驶两点。

由于大货车在体积上和重量上占有优势，因此大货车驾驶人在心理上就有一种优越感，促使他们横冲直撞，常常表现出攻击性的驾驶。2012 年 6 月 15 日 15 点 45 分，持小车驾驶证的广西籍驾驶人韦某，在夏蓉高速公路上驾驶厦门牌照中型半挂牵引货车，因驾驶操作不当，导致该车辆失控，冲入 1 号紧急停车处，造成该车乘员由某和任某两人当场死亡，韦某本人与乘员黄某某两人受伤，车辆、车上货物、高速公路路产部分损坏。

“超载蝇头小利，平安一本万利”，“超载行驶，伤车害己”，超载行驶不仅容易增加发生交通事故的概率，更缩短车辆本身的使用寿命。超载的危害很大，主要包括：一是极大影响车辆的使用寿命。载重限量是汽车设计制造的主要技术依据，一旦超载会使车辆安全技术性能发生改变，关键部件受损严重，比如焊点断裂、车架变形、发动机负荷过大，会极大缩短车辆的使用寿命，同时会导致车辆制动性能严重下降。二是容易发生爆胎。超载行驶会使轮胎发生变形、加大摩擦，导致轮胎寿命缩短，极易发生爆胎。三是容易发生事故。道路中间及两侧护栏一般是根据车辆的质量和重心高度水平设计的，超载车辆总重量过大，很容易撞坏护栏使其失去防护能力，发生事故。同时，超载后转向沉重，离心力增加，影响汽车操纵性能，并因超载导致制动距离延长，极易发生事故。

据数据统计，2013 年一次死亡 5 人以上的道路交通事故，涉及货车超载的近 20%。2013 年以来，货车超载肇事导致道路交通事故 1425 起，造成 1094 人死亡、1145 人受伤。2013 年 9 月 15 日，四川省达州市某公司驾驶人孙某驾驶川 S 牌号“豪泺”重型自卸货车（核载 15.67 吨，实载 46.8 吨）装载石膏，由渠县某石膏矿业有限公司开往渠县某水泥厂，在左转弯过程中因严重超载、质心升高、长下坡制动效能降低，致车辆失控向右侧翻，将右侧正常行驶的另一辆大型普通客车挤撞翻坠至 5.4 米的桥下河沟内，货车右侧翻在桥面上，所载石膏约 4/5 倾倒于桥下，将客车中后部掩埋，造成 21 人死亡、7 人不同程度受伤的重大道路交通事故。

2011 年 7 月 19 日 14 点 20 分，河南籍驾驶人杨某驾驶豫 R 牌号重型半挂牵引车行驶在夏蓉高速公路上，因超载和在长下坡过程中未按高速公路设置的交通警示标志的要求保持低挡低速安全行驶，失控后冲入 1 号紧急避险停车处，并冲破挡墙掉入山谷，造成乘员韩某当场死亡，驾驶人杨某、乘员程某抢救无效死亡，车辆、车上货物和高速公路路产严重损坏。

根据《中华人民共和国道路交通安全法》第 92 条的规定，货运机动车超过核定载质量的，处二百元以上五百元以下罚款；超过核定载质量百分之三十或者违反规定载客的，处五百元以上二千元以下罚款。同时，根据公安部《机动车驾驶证申领与使用规定》有关记分规定，机动车驾驶人驾驶货车载物超过核定载质量 30% 或者违反规定载客的，一次记 6 分；机动车驾驶人驾驶货车载物超过核定载质量未达 30% 的，一次记 3 分。

根据 2011 年至今(截至 2014 年 10 月)以来的数据显示，我国因超载导致的事故起数和伤亡人数逐年下降，2014 年事故起数同比下降 42. 5%。超载给人民、国家带来了巨大的财产损失，针对超载的违法行为，国家也出台了相关法律法规进行制裁，包括《中华人民共和国道路交通安全法》第 92 条“超载行为的处理”，《中华人民共和国道路交通安全法实施条例》第 106 条关于“超载行为的处理”以及《公路安全保护条例》第 64 ~67 条等，对超载行为重拳出击，严管重罚，从法律上提高全民对车辆超载行驶的重视。

2. 3. 1　实验方案

(1)选取解放牌货车，满载总质量 30 吨。

(2)有经验的货车驾驶人驾驶通过一段长大下坡路段。

(3)在制动鼓处安装测温仪，利用非接触红外测温仪器测量制动器温度。

(4)在一段连续长下坡路段，检测大货车持续制动对制动鼓温度的影响。

如图 2. 8 ~ 图 2. 11 所示。

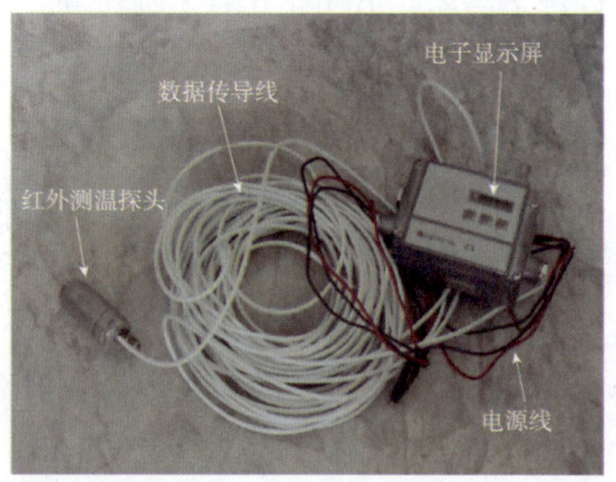

图 2. 8　实验货车红外测温仪示意图

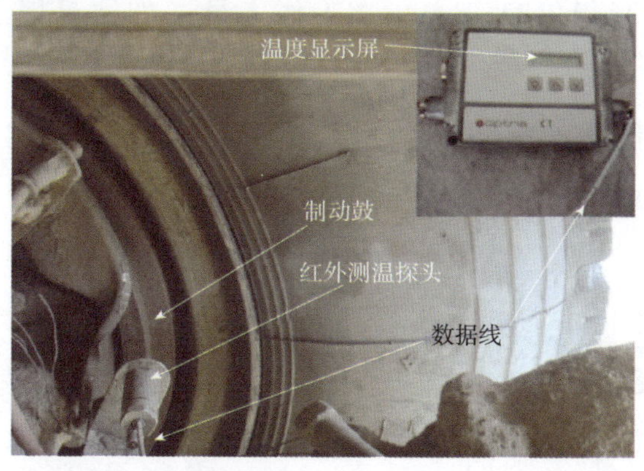

图 2.9　红外测温仪及测速仪安装示意图

图 2.10　厦蓉高速公路实验路段

图 2.11　专家现场剖析大货车制动失效原因

2.3.2　脚本编排

脚本一：

解说：2014 年 10 月，夏蓉高速和溪路段。高速交警正在这个入站口拦截检查车辆。

解说：而就在路的一边，醒目的警示牌、循环播放的广播、加置的加水点，这一切特别的设置令这个路段显得极为特殊。

解说：一些首次走这条路的新手们并不知道它还有一个名字——“魔鬼路段”。

同期：(记者)你听过这边这个危险路段吗？

(驾驶人)没听过，这条线我是第一次走。我们一般都走海边那条线。

解说：而正是去年一场极其惨烈的交通事故，令人们真正意识到这条路是多么可怕。

解说：2013 年 3 月 22 日，福建高速漳州信息分中心。工作人员一如往日般繁忙。

同期：(接线员)您好，23014 号为您服务。

解说：突然，监控画面上出现的一个瞬间，让负责实时监控路况的工作人员立刻紧张起来。

同期：(值班人员 1)那边好像有浓烟！

(值班人员 2)在哪里？赶快！那边！

解说：情况看上去不容乐观，值班人员立刻给距离事发地最近的交警大队拨打了电话。

同期：(值班人员 1)您好！交警二大队是吗？对！厦蓉线的 B 道 110 那边有一部客车发生了交通事故。

解说：接到电话后，漳州高速交警支队迅速出警。由于电话中明确提到事故车辆中有一辆大客车，所以事故很有可能造成了人员伤亡，但是情况究竟如何，谁的心里都没有底儿。

解说：不到 5 分钟，交警便到达了现场。尽管处理过的大小事故已经数不清，眼前的情景仍然令他们都感到有些无法接受。

同期：(当事人)整个客车已经上下完全解体掉了，满地都是油污和血渍，伤者身上，死者身上，失控的货车、客车上全部都是水泥粉，就像从火山里面刚冒出来的一样。

解说：漫天都是灰尘，一地残骸中只有从车轮才能看出这是一辆已经解体的大客车。在它前方几百米的地方还有两辆大货车，一辆侧翻，还有一辆运载水泥的半挂车撞在了护栏上。然而最令人触目惊心的却远不止这些。

同期：(交警)整个路面上密密麻麻的全部都是人。所有的旅客全部都被抛到那个车体外面。40 多个人没有一个站着，全部都是躺在地上。

解说：急救车很快到达现场，30 多名乘客被就近送往附近的医院。调查清理工作随即展开，事故发生的过程也开始逐渐清晰。那么，这辆大客车究竟发生了什么？

解说：这是一辆长途卧铺车，车上的 40 多名乘客前一天从贵州习水出发前往福建晋江。很快就要到达终点站了，由于长途跋涉，大多数乘客已经昏昏欲睡，而灾难在一刻毫无征兆地降临了。

同期：(当事人)车就像那种裂开的声音，一直响，后边就被一块(辆)车顶，直接整个人从脖子那里压下去，然后就从左边那边侧翻下去，那驾驶人下半身已经没了。

解说：大客车驾驶人当场死亡，现场陆续还有死者被发现。

同期：（交警）水泥沟里面全部都是人，有一名死者就跌落在水泥堆里面。现场当时有八个人是死亡的。

解说：究竟是谁制造了如此惨烈的悲剧？

解说：这辆小轿车在混乱的现场几乎被忽略掉了，从对目击者的询问中得知，它是最先被一辆半挂大货车撞到的。

同期：（目击者）挂着小车，反正我是看到了。

同期：（记者）你叫什么名字？

（目击者）我姓温。

解说：从对小轿车车主的询问中得知，撞他的是一辆装满水泥的半挂大货车。也就是撞在水泥护栏上的这一辆。

同期：（当事人）非常快，我躲都来不及呀！

解说：瘫坐在地上的就是这辆半挂大货车的驾驶人。在随后调取的监控录像中，交警确定了他就是肇事驾驶人。事故的整个过程在监控上清清楚楚地被记录下来。

同期：（交警）我们看到进入屏幕的就是我们这部紫红色的重型卧铺大客车，就是这部，在它后面还有一部厦门牌的小车，当时也是在行驶中。这时我们看到运载水泥的这个重型半挂牵引车从后方呼啸而来，先是把那部厦门牌的小车撞到一边，紧接着撞完小车直接就撞到这部大客车，随后它又失控撞到旁边一部漳州牌的大货车，最终就是一阵浓烟。

解说：据交警事后调查，当时驾驶人驾驶的这辆半挂牵引车在事发时的时速达到了约119千米，而大车在这个路段的限速当时是60千米，是什么让驾驶人做出如此疯狂的举动？

解说：这是当时交警对肇事驾驶人的笔录现场。

同期：（肇事驾驶人）当时感觉制动踏板有点变软了，松了差不多三四秒钟的时间，又踩下去，然后这次感觉就彻底失效了。踩下去感觉到车子没什么制动作用，然后我就控制驻车制动器，再拉起来了。

解说：事后在对这辆大货车的调查发现，货车不仅超重，并且车上的各制动装置也不合格，所有的这一切促成了悲剧的发生。

解说：3·22 特大交通事故的发生将阴影留在了每个经历者的心中，成为他们心中不能触碰的痛。

同期：(当事人)哀号啊、哭啊这种声音的话估计一辈子都会忘不了。每天晚上睡觉时脑海里面就一直浮现当天的车祸现场，心里面就一直怕。

解说：然而看似明晰的事故鉴定背后却隐藏着一个更为可怕的事实。

配音：一场令人震惊的事故，一段充满死亡气息的高速路，究竟还有多少的失控瞬间？

解说：这里是漳州高速交警支队的档案室，夏蓉高速和溪路段自开通以来所有的死亡事故记录全部都在这里。

同期：(交警)我们和溪长下坡的事故死亡数占了整个大队的 80% 左右。

解说：随意抽出一卷，都是一个令人心痛的悲剧往事。

同期：(交警)这起是 2008 年 7 月 28 号的，是死亡 3 人的，这是过了避险车道，它来不及冲到避险车道，你看这是避险车道这个形状，就在这个事故发生的前一天，有一起运载危化品的车辆也是制动失灵后撞死一名养路工人。

解说：而这一次，当时在现场处理事故的这名交警也因为吸入毒气受了重伤。

解说：据统计，夏蓉高速自 2004 年开通至今发生事故将近 2000 起，平均每月就有 1 人在这里死亡。

解说：这几页纸是所有的死者信息。如今一个个鲜活的生命只化成冰冷的数字。自夏蓉高速开通以来，已经有 112 人命丧于此。而在翻看事故原因的一栏中，原因竟然惊人的一致。

同期：(交警)都是因为制动不当。

解说：车子行驶至此，制动突然莫名失效，最后车毁人亡。魔鬼路段的名字不胫而走，许多大货车驾驶人在经过和溪路段时都曾有过制动突然失效的可怕经历。

同期：(记者)您有经历过这条路上失控的情况吗？

(驾驶人)有，怎么没有，就是用着水的时候也有这种情况吧。有时候水浇不到轮胎上这种情况都有。很危险。对对对，这个险冒不得。我好几个朋友也是在那一个路段肇事死亡的。

解说：建在群山中的夏蓉高速看上去高耸宏伟，就是在这样的路段，事故却从未停止过。从警方的资料库中，我们看到了一个个的失控瞬间。

画面：监控画面。

同期：(交警)这是另外一起事故，也是一个重型半挂牵引车一直冲到底最后掉下悬崖。

解说：如果仔细观看就不难发现，监控中的大多数事故都集中在这一个方位附近，就是过了建安隧道至2号紧急停车处之间，而这也正是322事故发生的地点。这个点会有什么特殊之处呢？

解说：这就是建安隧道，而从当地人的口中我们得知，这条隧道从前并不叫建安，而是叫石崆山隧道。石崆山，石崆山，恰恰与“失控”谐音，百余人在此处因车辆失控而丧命，因此隧道便改了名字。

解说：从龙岩到漳州的这一段高速路是一条长达14千米的长下坡路，从坡顶到坡底的落差达到了486米，中间还有两个急弯、三个弯道，而就在经过建安隧道后就恰好进入了最陡峭的5000米，事故就全都集中在14千米的这最后5000米。

同期：(交警)那个地方的路形坡陡弯道多，而且弯道的半径小，所以说驾驶人在那边极容易发生交通事故。

解说：在交警的带领下，我们决定亲身体验一下这条充满着死亡气息的高速路。

解说：行驶在这段路上，心里还是有些打鼓，而平坦的路面很快就打消了这样的不安。我们发现这条路上的大货车非常多，交谈中，交警又告诉我们一个信息。

同期：(交警)对，和溪长下坡的事故主要集中在大型货车，尤其是多轴的大型货车这类比较多。小车下长坡的话，事故率与其他路段没有明显的区别。

解说：行驶在同一路段上，为何只有大货车发生事故的概率极高？看来，除了路本身的问题，一定还有其他因素存在。

解说：适中服务区是进入14千米高危路段前的最后一个服务站，在这里我们看到了这样的场景。

画面：驾驶人在检查车辆。

解说：经常走这条路的大货车驾驶人都知道，在经过这个路段之前，一定要检查好自己车辆的安全情况。

同期：(记者)每一次开到这儿来都要调吗？

(驾驶人)那要的，我们经常走这段路，那段路太危险了。

解说：只要是有一些常识的驾驶人都会知道，大货车的制动系统主要是鼓式制动器，由制动鼓和制动蹄片组成。踩制动踏板时，表面镶嵌有高摩擦性能的制动蹄片与制动鼓的内表面发生剧烈摩擦，迫使旋转中的制动鼓逐渐减速直至停止旋转。

而同时动能也被转化成了热能。

解说：汽修专业出身的交警同志带我们来到了附近一个大型的汽修厂，这里堆满了报废掉的轮毂和蹄片。

同期：(交警)像我们现在看到的这一个制动配件里边是已经受破坏的，就这个破坏程度来看，这个蹄片上面这一层是胶木的，而胶木的正常工作温度不能太高。像它这片已经烧焦了，那么根据这个蹄片，我们判断这片蹄片在使用过程当中绝对超过 600 摄氏度才会产生这种状态。

解说：成本低、制动力度足够大，使这样的制动方式成为绝大多数大货车的最佳选择，但是它还有一个最大的弱点，就是散热慢，这一点在连续长达 14 千米的长下坡上更为致命。

同期：(交警)它这个表面会发蓝，蓝色的一层是四氧化三铁，在和溪长下坡所有的失控车辆拆卸过程中，一两个制动装置都反映出来这种状态。最终的原因还是温度，它在制动过程中会产生热量。

解说：适中服务区，“3・22”事故后，有关部门又在这里加置了加水点，驾驶人大多都会在这里停下来为自己的车子加水。这是为了给轮毂降温，保持制动系统正常工作。

解说：于是，行驶的大货车拖着浓浓的白烟成为和溪路段上一道独特的景象。

同期：(记者)如果不加水您敢下吗?

(驾驶人)那不敢下，没加水我们肯定不敢下。

解说：然而还有很多大货车即便是加过了水，却也没能逃离厄运。一定还有其他原因存在。

解说：一辆辆大货车在此处失控，一个个生命在此处消逝，原因究竟是什么?几年前，一起事故的发生给当地交警提供了另一种思路。

解说：2009 年 8 月 29 日凌晨，同样是在距离建安隧道 2000 米处，发生了一起交通事故，驾驶驾驶人当场死亡。

解说：这是死者吴某的生前画面，之所以还有所存留是因为他上过一档电视节目，而原因就是在他去世的三年前，也就是 2006 年，在同样的地点发生了一次严重车祸。

解说：那一天，吴某要从龙岩前往漳州，作为漳州本地人，他对这个路段也早有耳闻。

解说：由于车上还坐着自己的妻子女儿，所以他格外小心，在通过和溪路段之前他仔细检查了自己的车况，由于连续的下坡路，吴某不时踩着制动踏板，但是就在通过了石峧山隧道后，他感到车子已经制动不住了。

同期：(吴某)感觉制动软绵绵的。

解说：这时，路边的避险车道带来一线希望，吴某调转方向，车子冲了进去。及时赶到的交警将他的妻子和女儿从压扁的驾驶室中救了出来，所幸他们伤得不重，而吴某自己却受了重伤。

同期：(交警)他自己可以说抢救了七天七夜好不容易保住性命，可是两年过后在同一个路段又发生了事故。

解说：这一次，吴某当场死亡。事后调查两次事故原因大致相同，除了车本身的制动系统存在问题，在长下坡挂高速挡，通过反复踩制动踏板来控制车速是最致命的驾驶方式。

解说：而令人惊讶的是，吴某的经历并不是个例。

解说：2013 年 5 月的一天，漳州高速交警支队收到了一封来信。

解说：信中，这个湖北女人无比悲痛地提到，自己的丈夫也是在这条魔鬼路段上失去了生命，而令人感叹的是，交警曾经见过这个女人的丈夫。

解说：同样是我们这两名驾乘人员，同样这部车，在同一个路段，在事发前的两个月也是在这个路段发生过一起比较轻微的一个事故。

解说：通过查看当时的鉴定报告，这位货车驾驶人的车辆也是存在隐患，而更重要的是，他也采用了这种错误的驾驶方式。

同期：(交警)事故的原因也是下长坡过程中制动不当引起的制动失效的事故。

解说：看来，除了道路的问题，货车本身制动系统的问题，还有一个至关重要的因素，就是驾驶人本身驾驶方法的问题。

解说：专家们正在往一辆大货车的车轮毂附近安装远红外线温度仪，我们准备通过一个实验来验证驾驶方式对于制动性能的影响。这样的装置能够帮助我们实时记录货车轮毂的温度。

解说：一切准备就绪，在交警以及老驾驶人吴师傅的陪同下，我们准备重走这条被人称作是魔鬼路段的高速路。

解说：高速失控的原因渐渐明晰，实地实验揭示该怎样避免悲剧发生。

解说：由于准备时间过长，天色渐渐暗了下来，这更为实验增添了几分危险的气息。

解说：吴师傅驾驶的是一辆车况良好的重型半挂牵引车，加上车上运载的货物，总重 52.5 吨。为了实验，今天他要挂空挡，长踩制动踏板来通过和溪长达 14 千米的长下坡，而在失事的驾驶人中，许多人正是采用了这样的驾驶方式。吴师傅看上去有些紧张。

同期：(记者)咱们现在开始下坡了是吧？

(吴师傅)这边应该算平的，过了大概 30 米就下坡了。

解说：开始下坡，车速明显快了起来，而这时候轮毂温度却快速下降了。

解说：随着坡度越来越陡，车速也更快了。挂空挡的吴师傅开始频繁踩制动来控制速度，而此时，轮毂的温度也开始迅速上升。

同期：(记者)130 多摄氏度了现在。

(吴师傅)对，它跳来跳去，大概在 120～130 摄氏度吧。

解说：而就当车子驶出建安隧道，行驶到最后的 5000 米时，轮毂的温度越加高起来。

解说：实验至此，其实已经有了初步的结论。

同期：(交警)我们有多次的跟车看驾驶人操作，平均驾驶人操作的话，一般的驾驶人到了前面 5000 米这个地方就要踩 20 几下制动踏板，每次制动都会使制动轮毂的温度升高一次，踩越多，则轮毂温度升得越高，它对制动踏板的效能就越不利。

解说：大约用了半个多小时，我们完成了整个路程的实验并得到了最终的结果。

解说：而这只是制动轮毂外端的温度，轮毂内制动蹄片的温度还要更高，当制动蹄片温度达到 300 摄氏度时，制动效能就会下降 50%。这说明我们这辆车的制动性能已经降低。

解说：为了与错误的驾驶方式作对比，第二天，我们使用了同一辆车和同一位驾驶人以及同样的设备再次经过和溪长下坡，不同的是，这一次吴师傅采用了挂低速挡，少次制动，慢速经过，这次的结果又会如何呢？

解说：数值最终定在了 177 摄氏度，而这个温度对于货车的制动系统来说很安全。

解说：那就是说在下长坡中驾驶人如果按照正确的方法，哪怕制动系统性能不怎么好，哪怕不加装喷水装置，也是可以安全通过。

解说：至此，关于魔鬼路段的疑问已全部揭开。十年间，当地交警使用了各种办法，甚至通过强制改道来确保道路的安全。但是尽管路的本身存在隐患，而生命最终是握在每一个驾驶人自己手中的。

脚本二：

同期：(主持人)根据安监总局的一份数据显示，从2006年到2010年短短的几年时间，我们国家平均每年因交通事故导致死亡的人大概是在7.6万人左右，占到了平均每年因为各种事故导致的80%。这个数字很吓人啊，我们今天要给大家介绍一段公路，这段公路就是过去的京珠北高速公路，也就是现在的京港澳高速公路粤境北段。这一段公路是被国务院和公安部列出的全国交通事故“十大黑点”之一。它虽然不长，只有109千米，但是从使用至今，已经导致了500多人的死亡事故出现。就这么一段路，怎么会有如此多事故频发呢?

解说：南岭山脉长久以来都是从湖南通往广东的最大交通障碍。2003年4月3日，经过4年多的施工，一条高速公路打通了这条山脉，为此人们举行了隆重的欢迎仪式。可就在通车的当天下午，意想不到的事情发生了，在京珠北高速路段的南行49千米高速附近，发生了三辆货车追尾的事故。庆幸的是只有4人在事故中受伤，没有人死亡。当天晚上6点20分，就在第一起事故发生后不到半个小时，又一起事故发生了。一名货车驾驶人当场死亡。

同期：(交警)主要是由于驾驶室的右边乘客这个位置直接碰撞了前车左后的车箱角，所以导致了驾驶室右边的这个乘客重伤死亡。

解说：从公路通车当天发生第一起事故起，到第二天早上7点在京珠北高速路段上，总共发生了5起交通事故，造成1人死亡、12人受伤。一个月后，发生的事故总数达到了28起。其中恶性事故9起，死亡9人，伤28人。最初大家是以为高速公路刚刚开通，驾驶人们不适应高速驾驶，随意变换车道和随意停车造成了事故多发，而当时在京珠北高速路段上这样的违规驾驶行为，也的确十分常见。

同期：(交警)大车靠着主车道主干道那边走，不要在超车道上，赶紧靠边。两个车道，大车走不起来，就不要占着超车道走，有主车道和爬坡车道。

解说：为了杜绝驾驶人在高速公路上随意变道，随意停车，交警一方面昼夜巡逻，提醒驾驶人规范驾驶；另一方面他们封闭了一条车道，变双车道为单车道，试图通过这种办法来规范驾驶人的驾驶行为。封闭一条车道有效地减少了随意变道的行为，事故的总数也降了下来，然而让所有人困惑的是，事故总数虽然减少了，但是恶性事故并没有减少。统计显示，封闭一条车道后，一个月内发生事故9起，恶性事故就占到了8起。死亡9人，伤28人，与上个月相比，死亡人数非但没有降低，反而还增加了。这又会是什么原因呢?

解说：在事故的调查过程中，交警发现，这些恶性事故都有一个共同的特点，它们都是由大货车追尾造成的，这说明在事发时，大货车出现过失控的状况，可正常行驶的大货车又为什么会出现失控的情况呢？为了防止车辆因失控而发生事故，很多高速路上都修建了避险车道，避险车道实际上就是一段上坡路段。失去控制的车辆冲进避险车道，通过上坡路段的缓冲就可以停下来。2003 年 5 月 17 日，一辆失控的运沙货车冲进了避险车道，因为避险车道是硬泥路面，货车又严重超载，冲进避险车道后，这辆货车并没有停下来，它重重地撞在了山体上。由于撞击过于猛烈，这辆货车的驾驶室都已经看不到了，只留下一节车厢露在外面。

同期：(交警)老百姓还不知道这车怎么进来的，他想一个货柜车，怎么自己会跑到这里来呢？详细地看了才知道，车头已经扎到山坡里去了。车里有 1 个驾驶人、3 个乘客，当场就死亡了。

解说：接连在避险车道发生几起恶性事故之后，公路管理部门在避险车道里铺上了细砂，希望增加阻力，拦截失控的车辆。可细沙的阻力太大，冲进避险车道的车辆，车头是马上停下来了，而超载的货箱由于惯性的作用还会继续向前冲。这样就会出现翻车的情况，驾驶室里的人全都惨死在了自己的车下。据统计，前前后后总计有 14 个人死在了避险车道，避险车道成了“死亡车道”。在货物转运过程中，人们发现一辆事故车辆所装载的货物往往要 5 辆货车才能运走，这说明事故车辆普遍存在严重超载的情况。

同期：(交警)比如说 10 吨的车，最起码要 60 ~ 70 吨，或者说一般 5 吨的车拉到 40 吨，15 吨的车拉到 70 ~ 80 吨。

解说：交警们断定，不断发生的货车事故，一定是和货车超载有关。可同样是超载，为什么事故就偏偏集中在京珠北高速这 109 千米的路段上呢？如果找不到事故路段的真正凶手，伤亡的悲剧就会不断上演。

解说：对京珠北高速路段的交警们来说，每年春运都是他们最繁忙的日子。每天会有多达 11 万辆车从这里通过。其中 80% 都是大货车，再加上冰雪灾害对路面的影响，于是春运也就成了一年中交通事故的高发时段。而 2004 年的春运更是成了交警们的噩梦。期间一共发生伤亡性交通事故 23 起，死亡 8 人，伤 29 人。

同期：(交警)有时候事故发生是多段的，隔一两千米、两三千米又发生一宗事故。事故发生后，我们刚刚处理完毕，人还没有走，跟着又来事故了。京珠北这一段，有一次连续发生 13 次事故，将近 120 辆车相撞。

解说：当地交警因此承受了巨大的压力，通过对事故资料的汇总统计，他们发现事故并不是在109千米的路段上均匀分布的，而是主要集中在3个点上，这3个事故黑点的恶性事故，占到了事故总数的70%以上。尤其是南行49~52千米路段30%以上的恶性事故，都发生在这3千米的路段上。为什么货车行驶到这里就会失控，除了超载以外事故频发，是不是和道路本身有着什么联系呢？带着疑问，交警对事故车辆进行了解剖。当一个个制动鼓被打开的时候，大家惊奇地发现，这些事故车辆的制动系统全部失灵，原本灰黄色的制动片，已经炭化变成了黑色。显然，事故车辆的制动片经历了高温的灼烧。这说明，事故车辆的驾驶人曾经持续制动。而持续制动，又和京珠北高速路段的路况有着直接的关系，京珠北高速公路全线海拔落差达760米。从海拔800多米的最高点往下，形成了3个长下坡路段。其中，南行的第一个下坡路段长度就达到了13千米，落差400多米。发生事故最多的黑点，正是这个下坡路段的末端。

同期：(交警)普遍来讲，很多驾驶人是挂着高速挡，他也不清楚这段路的坡到底有多长。只是感觉到这段路是下坡，只有一两千米，或者几百米，但是并不了解这样一段道路具体状况是怎样的。到底他也不清楚，有13千米那么长。

解说：第一个路段的下坡就达到了13千米。很多驾驶人都对这种路况并不适应，他们没有采用挂低速挡的方式，而是在正常速度下，依靠持续制动来控制车速。这样一来，本来就严重超载的货车，在行驶到下坡路段的尽头时，制动片就会因为温度过高而丧失制动功能，最终酿成了惨祸。就在公路管理部门着手对公路进行改造之时，又有一辆超载的大货车失控冲进了施工路段。这一幕恰巧被监控录像拍摄下来。失控的货车接连撞上了两辆货车，直到撞到路墙才最终停了下来。这起事故一共造成了1人死亡、25人受伤。

同期：(主持人)那么根据交管部门的一份统计数据显示，2009年我们全国的货车只占到了机动车的十四分之一，这个数字还是很低的，但是它导致的交通事故死亡人数却占到了33.4%。为什么这个家伙老容易出事故呢？我们看啊，这个就是大货车上面的制动系统，这个外侧就是所谓的制动片。这是一个没有使用过的制动片，这个颜色跟它(使用过的)是完全不一样的，这个(使用过的)已经变得非常黑了。它(制动片)是由橡胶粉和石棉来构成的，正常情况下可以起到制动的作用。但是它在制动的过程中会受热，受热到了250摄氏度左右，制动效能就降低到了好的状态下的十分之一。所以说，如果长时间连续踩制动踏板，这个车多大、多重啊，这个惯性有多大啊，在这种情况下，您这个制动片肯定会持续受热，甚至有些时候，有些驾驶人都会看到旁边的大货车整个制动部分都红了。到了这个时候温度已经到达 800 摄氏度左右了，制动效果一定是不存在了。就像这个，这个实际上就是经过长时间的踩制动踏板过热之后的制动片。我们可以看一看，拿这个纸巾擦一下您就知道了。您看看，全是黑的，这些粉，这说明什么呢？（制动片）已经完全碳化了，已经失去作用了。所以说，正是由于这个原因存在，才会导致大货车驾驶人虽然已经看到前面有危险了，但也根本制动不住车。只能是，哐，一头撞上去。

解说：为了应对制动片过热失灵的情况，一些货车驾驶人会在汽车上加装一个冷却水箱。在下坡的时候，驾驶人只要打开冷却水箱的阀门，冷水就会喷淋到制动鼓上面，这样就可以降低制动片的温度。事实上，这种土办法也并非完全可靠，水箱管道往往会因为水太脏或水垢太厚而堵塞。另一方面，在京珠北路段加水站较少，货车开到这里，冷却水箱普遍存在缺水的状况。

解说：为了减少恶性交通事故的发生，在交管部门的建议下，公路管理部门对京珠北高速路段进行了改造，他们在危险路段上增加了大量的提示牌，告知驾驶人谨慎驾驶，还在长下坡路段铺设了减速带，增加了路面的摩擦系数，减少了车辆因侧滑而引起的交通事故。针对连续下坡路段制动片过热失灵的情况，公路管理部门在京珠北沿线增设了加水站，为冷却水箱加水。他们还对避险车道进行了改造，把细沙路面换成了卵石路面。

同期：（交警）鹅卵石比较松散，而且经过改造之后的这个缓冲车道，在刚刚进入缓冲区的时候，鹅卵石的厚度有 40 厘米，它一直往上延伸的时候，就会逐渐加深到 1 米那么深，所以这个减速的过程是慢慢地进行的。

解说：避险车道的改造取得了明显的效果，经过缓冲，失控车辆全都能够安全地停下来，再也没有发生过人员死亡的事故。

画面：交警在高速公路上巡逻，向大车喊话。

同期：（交警）你这个大车，你后面都要着火了，前面大货车，前面出收费站。

解说：在公路改造的同时，交管部门还加强了管理，在巡逻的过程中，一旦发现有车辆出现制动冒烟等安全隐患，他们就会将其疏导到安全位置进行处置。对于超载、超限驾驶，交管部门也加大了治理的力度。他们会对进入京珠北路段的大货车进行抽检。一旦发现超载车辆，执法人员就会按照相关规定，对其进行强制性卸载。交警在事故处理方面也进行了大量的创新，过去，一旦在长下坡路段出现事故，交警就会按照公安部的相关规范，在距离事故发生点 200 米处进行交通管制。这就带来一个问题，从坡顶处下行的车辆，到达管制地点时，往往由于来不及制动而与前面的车辆发生碰撞，从而造成二次事故。针对这种情况，交警总结出了一套有效的事故处理措施，一旦出现事故，他们会在坡顶处进行管制。通过警车压道的方法，从高速公路最近的出口处，将积压的车辆疏导出去。经过这些改造和治理之后，发生在危险路段的事故数量明显减少。

画面：切换到采访交警的画面。

同期：(交警)通过我们对事故隐患的排查，从硬件上的投入和软件上面加强交通的管理，死亡人数得到下降。从2004年的死亡102人，到2006年下降到64人，到2010年死亡人数下降到33人，下降幅度非常之大。可见我们采取的措施非常有效。

画面：京珠北高速路段车祸现场画面。

解说：然而，就在人们为京珠北高速路段松一口气的时候，2011年6月12日，在京珠北高速路段上，又发生了一起重大交通事故。

画面：切换到采访交警画面。

同期：(交警)当时前面有一辆半挂车，因为制动失灵追尾而撞到前面的一辆半挂车，就导致这个路面的交通就已经中断。3分钟之后，就在这个事故现场的后面，大概100米的地方，又有一辆重型货车因为制动失灵而撞到前面停下来的车尾部。

画面：切换到车祸现场，现场一片狼藉，货车上的货物散落一地。

解说：整个车祸一共有4辆大货车发生碰撞，造成2人死亡。通过现场勘测，民警发现，造成事故的原因仍然是由于货车连续下坡所导致的制动失灵。为了从根本上解决这个问题，如今一条全新的高速公路已经投入建设，它能够极大地缓解京珠北路段的车流压力。与此同时，这条高速公路采取桥梁、隧道穿越山岭的方式，避免出现大落差、多弯道的长下坡路段，这样就能有效减少由于制动失灵而造成的交通事故。

2.3.3 安全提示

专家提醒，长时间走下坡路段是重型货车的大敌，载重货车在长时间下坡制动过程中，制动喷水系统极易失效，发生热衰退现象，致使制动失灵。车辆上坡行驶，要提前观察路况与坡道长度，减挡要及时、准确、迅速，避免拖挡行驶导致发动机动力不足。上陡坡时，应在坡底提前减挡加速冲坡。

车辆下坡行驶，要适当控制车速，充分利用发动机进行制动，不能空挡滑行。下长坡时，车速会因惯性越来越快，连续使用制动会使制动器温度升高而使制动效果急剧下降。控制车速最有效的方法是利用发动机制动。车辆在下陡坡时，不得超车。

为了有效维护载重货车的制动喷水装置，驾驶人应在长时间下坡前为制动装置加水，强制休息，检查车况。另外，在长下坡路段应增设醒目的警示牌，合理设置紧急避险车道和紧急停靠带，使出现安全隐患的车辆有一个采取紧急措施的空间，也是预防交通事故发生的有效途径。

2.4 弯道超速车辆会偏离车道

在2013年交通违法查处中，约有20%是超速交通违法。“十次事故九次快”、“一次超速有十害”，超速行驶危害多：一是易发追尾。数据显示，在同等条件下，时速分别为40千米/小时和60千米/小时，采取制动时，前者制动安全距离为21.6米，后者距离为39.1米。当前车遇到紧急情况制动时，同车道后车如超速行驶，则极易发生追尾事故。二是容易翻车。车速如果过快，转弯时离心力会增加，车速增为2倍，离心力增为4倍。遇有情况急打转向盘，车辆极易发生侧滑，甚至导致翻车。三是影响判断。速度越快，反应时间就越短。实验表明，当车速达到72千米/小时，视力为1.2的驾驶人视力将会下降到0.7，同时，车速越快，视野越小。车速每小时40千米/小时，视野为100度；车速为70千米/小时，视野为60度；车速为100千米/小时，视野为40度。四是后果严重。车速越快，碰撞能量越大，车速增为2倍，碰撞能量增为4倍，事故后果也会越严重。如果车速为50千米/小时，发生事故时，车辆相当于从三层楼高度坠落，如果车速为100千米/小时，发生事故时，车辆相当于从十层楼的高度坠落。如果与行人发生碰撞，当车速为20千米/小时，行人死亡率为10%，车速为40千米/小时，行人死亡率为40%，车速为50千米/小时，行人死亡率约为60%，而车速达到100千米/小时，行人死亡率则为100%，超速行驶发生碰撞，极易导致车毁人亡。

目前，客运车辆超速已经成为导致道路交通事故特别是群死群伤事故的主要原因。据统计，2011年全国发生的27起一次死亡10人以上的重特大交通事故中，因客运车辆超速导致的事故约占3成；2012年全国发生的25起一次死亡10人以上的重特大交通事故中，客运车辆超速导致的事故约占5成；而2013年全国发生的16起一次死亡10人以上的重特大交通事故中，这一比例高达5成。

过去的十年，是农村交通大发展、出行大变化、交通安全形势反复波动的十年。2004年到2013年，全国新增农村公路240万千米，总里程达到378万千米，占全国公路总里程的87%，乡镇和建制村通沥青(水泥)路的比率分别达到97%和88%。我国农村的道路绝大多数都是三级以下的和等外的一些公路，道路的等级低、路况差、安全防护的设施严重缺乏，很多道路都是急弯陡坡、邻水邻崖的高危路段。2013年的道路交通安全大检查，全国排查出这种高危路段7.4万处，长度达到了6.5万千米，仅2013年这一年，我们因路侧无防护设施而导致的交通事故数量就有112198起，死亡的人数达到了30795人。在众多农村地区交通隐患中，国省道开口过多且缺乏安全设施、道路路侧防护不足、急弯陡坡等不良道路等问题引发了很多交通事故，造成了车毁人亡的惨剧。面对这样的公路情况，驾驶人在操作时更要遵守交通规则，经过急弯陡坡时保持安全速度。

在农村，严重超员等违法现象十分常见。参加宗族祭祀或走亲戚赶庙会等群众集体性活动群众都是集中出行，往往容易加剧违法行为危害性后果，而且在农村群众意识当中，只要是车就能成为载人的交通工具，也不管你是谁驾驶、有没有驾驶证等，往往一拥而上。与此同时，相当一部分农村驾驶人对农村道路危险性认识不足，群众也缺乏对行车乘车安全的判断与选择，导致由超速超员引发的坠车、失控、翻落往往是农村道路交通事故的主要形态。

除此之外，农村驾驶人的安全意识十分薄弱，也是威胁道路交通安全建设的重要问题。经济发展了，车辆开回家了，如何安全驾车出行的意识却没有跟上，这是农村驾驶人交通安全意识最基本的现状。学生上学、田间耕作、赶集购物、走亲访友等活动，均会选择机动车辆参与交通，导致农村出行需求激剧增长。由于农村群众受交通法律、法规教育不够，交通安全素质参差不齐，基本交通常识较为缺乏，交通安全意识普遍淡薄，行车走路我行我素，导致农村地区严重交通违法行为普遍存在。大部分农村群众也对农村道路危险性认识不足，他们最为看重的是路面平整度好，往往忽视危险路段安全驾车、乘车出行的其他环节给安全出行带来的隐患。

随着农民出行量的日益增大，出行频率的提高和出行方式的多样化，农村道路存在的交通安全问题也随之加大，加强农村交通安全建设迫在眉睫。

2.4.1 实验方案

实验一：

1)实验目的

验证“弯道处超过限制车速时，车辆会偏离车道”。

2）实验设备

皮尺、喷漆瓶（红色）、大力胶带、DV 摄像机、三脚架。

3）实验内容

如图 2.12 所示，在观测断面处，以道路中心线为起线每隔 25 厘米用彩色胶带在路面上施画刻度线，采用摄像机拍摄车辆弯道行驶过程。

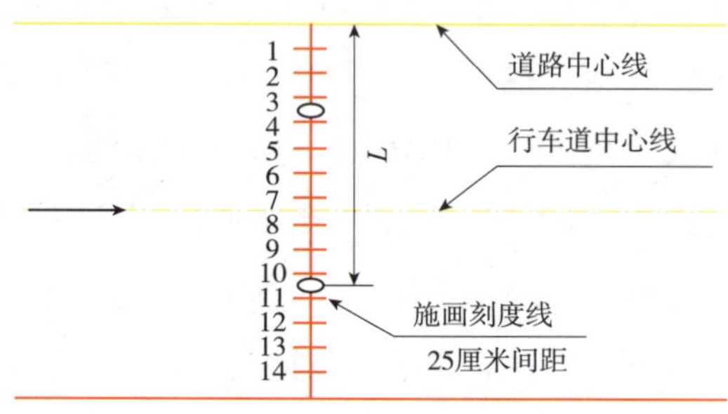

图 2.12　视频观测行车轨迹的实验方法

4）实验路段（图 2.13）

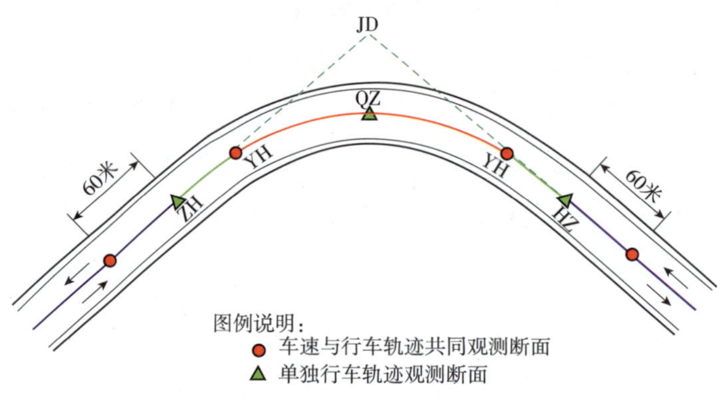

图 2.13　弯道处观测点位

5）数据分析

采用视频分析软件 Virtualdub 1.9.1 人工判读车辆外侧前轮通过该断面处的位置。在保证安全的情况下，分别按照 30 千米/小时、40 千米/小时、50 千米/小时、60 千米/小时、70 千米/小时的速度行驶弯道，测量轨迹车道偏移量。

实验二：

1）实验目的

验证“弯道处超过限制车速时，车辆会偏离车道”。如图 2.14 所示。

2）实验设备

（1）同济大学交通运输工程学院驾驶模拟器。

（2）纬地道路建模数模版。

（3）Sketchup8。

（4）SCANeR Studio1.3。

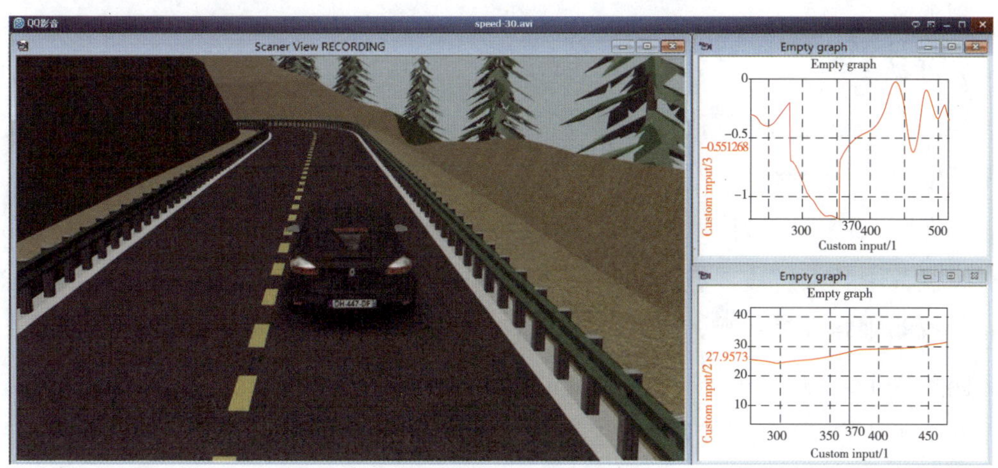

图2.14 实验模拟影像

3）实验内容

山区公路由于受地形的限制，在某些弯道处会采用设计的极限值以适应地形的变化。在这样的公路上行驶，驾驶人一旦超过设计速度通过弯道，会很容易偏离原来的车道，行驶到对向车道或是冲出公路界外。本实验拟通过模拟驾驶，记录以一定速度在弯道上行驶车辆的偏移量。通过对不同车速下偏移量的对比，验证“弯道处超过限制车速时，车辆会偏离车道”这一假设。

4）实验原理

当道路的车辆设计速度确定后，会相应地确定一个最小的圆曲线半径 R，驾驶人在驾驶过程中会尽量使驾驶的车辆保持在一个较为稳定的速度。因此，速度增加的情况下，驾驶人选择的 R 也会相应增大，此时遇到转弯半径较小的位置，就有可能进入其他车道。

5）实验步骤

（1）建立设计车速为30千米/小时的山区道路模型，在路线中加入不同转弯半径的弯道。

（2）将设计好的道路模型导入驾驶模拟器。

（3）让一名有较长驾龄的实验者进入驾驶模拟器。

（4）对实验仪器的相关参数进行标定。

(5)驾驶人开始驾驶，速度保持在30千米/小时左右，行驶完全部路程。

(6)驾驶人重新驾驶，速度保持在40千米/小时左右，行驶完全部路程。

(7)提取实验数据，进行后期数据的处理，对不同路段进行观察是否有驶出车道的现象。

6)数据分析

如图2.15所示，当图中数值大于0时，表明车辆行驶到了对向车道上。蓝色线是车辆以30千米/小时左右速度过弯时获得的距离本车道左侧边线的偏移值。可以看到在刚入弯道时数值增加，车辆偏移值达到最大值时，数值小于0，说明车辆在行驶过程中并未过线，但是数值刚好快要达到临界值。说明在设计速度30千米/小时的道路刚好满足驾驶人以30千米/小时的速度通过弯道的要求。红色线是在相同道路条件下以40千米/小时的速度通过弯道测得的距离车道左侧边线的偏移值。汽车在行驶入弯道时偏移的数值不断增加，最终超过0，即车辆驶入了对向车道。随后驾驶人控制车辆回到原车道。对比两条线可以得到40千米/小时速度状态下驾驶人对车辆控制能力降低，车辆偏移变化的幅度增大，并且在刚进入弯道时车辆的偏移值超过了零，即超越了标线跨越到对向车道。实验数据验证了“弯道处超过限制车速时，车辆会偏离车道”的假设。如图2.15所示。

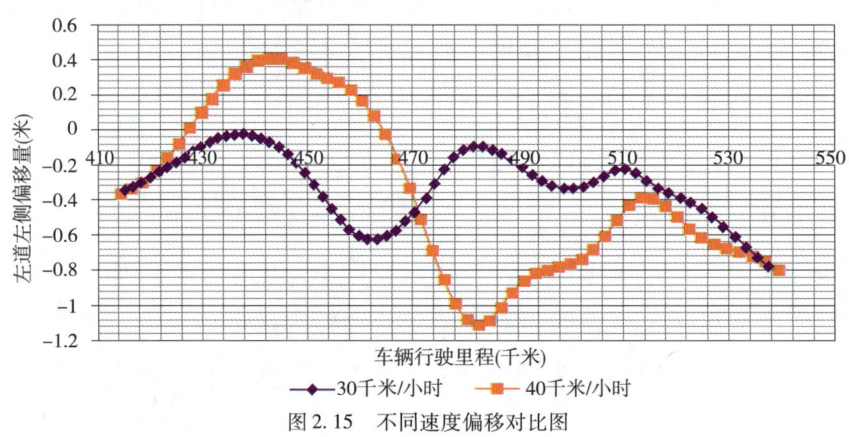

图2.15　不同速度偏移对比图

2.4.2　节目策划

1)提出命题

弯道处超过限制车速时，车辆会偏离车道吗？

2)预期结论

测试驾驶人驾车分别按照30千米/小时、40千米/小时、50千米/小时、

60 千米/小时的速度驶过急弯，当超过限制车速时，车辆难以控制，容易偏离车道。

3) 主要内容

实地测试一辆轿车不同速度、不踩制动踏板的情况下，在弯道行车急转弯的真实状态。选取一名有经验的驾驶人驾驶车辆，分别按照 30 千米/小时、40 千米/小时、50 千米/小时、60 千米/小时的速度行驶弯道(图 2.16)，在转弯时第一时间不会制动减速，车内摄像头和路边的摄像机将从多个角度真实展现轨迹车道偏移量。专家介绍我国农村道路交通安全的隐患以及如何有效地加强农村交通安全指数。

图 2.16 不同车速条件下的弯道实车实验

2.4.3 脚本编排

导语：马上要到中秋佳节了，很多朋友也打算长途出行。每到这个时候，我们都要格外提醒您注意交通安全，尤其是行驶在农村山区道路上。那里的很多地方道路行驶条件较差，因此交通事故更容易发生。接下来我们看一组触目惊心的交通事故，这些事故发生的路段都可以用一个“险”字来形容。

画面：农村急弯道路事故。

解说：这是一段车辆行驶记录仪拍下的画面。这是一段山区的道路，车辆正在一段 S 形路段行驶，在驶过一个弯道后正在驶入另一个弯道。前面是一辆蓝色的货车，左侧车道不远处是一辆正在驶入弯道的红色大货车。然而就在转弯时，红色大货车由于车速过快发生侧翻，红色大货车上装满了混凝土砖块，在侧翻时撞到了蓝色大货车尾部，并且直接使混凝土砖块砸到了第二辆车上，造成多人受伤的交通事故。

解说：这是浙江上溪的一个路段。从监控画面中可以清楚地看到，车辆风窗玻璃上的水珠还没有干。这里刚下过雨，道路还比较湿滑。该车正在通过一个位于山区的急弯，由于弯道处山道树木的遮挡，使驾驶人的视线受到很大的影响，很难看到远处对侧车辆行驶的状况。就在车辆通过车道时，忽然一辆小货车从对侧车道疾驰而来，由于车速过快，转不过弯，直接冲入了右侧车道，两车来不及躲闪，正面相撞。

解说：这是湖南的一段农村公路。当天 11 点，雷某驾驶一辆小型普通客车，行驶到某村一个急转弯路段时，因疲劳驾驶、操作不当，致使车辆越过道路中心的双黄线，与对面方向肖某驾驶的一辆普通客车侧面相剐蹭，造成车上 2 名人员受伤及车辆不同程度受损的道路交通事故。

解说：这些画面中我们不难发现一个共同点，即都和转弯有关。在农村道路中，路面宽度较城市更为狭窄，标识、标线也不够完备，也更容易出现遮挡视线的路段。如果在过弯道的时候速度再过快，就更容易引发交通事故。那么究竟多快的速度过急弯是安全的呢？速度达到多少的车辆几乎就是失控状态呢？

解说：为此，工作人员实地测试了一辆轿车不同速度、不踩制动踏板的情况下，在弯道行车急转弯的真实状态。测试驾驶人有着丰富的驾车经验，他驾驶着这辆车分别按照 30 千米/小时、40 千米/小时、50 千米/小时、60 千米/小时的速度行驶弯道，在转弯时第一时间不会制动减速，车内摄像头和路边的摄像机将从多个角度真实展现轨迹车道偏移量。如图 2. 17 所示。

图 2. 17　不同车速下弯道处车辆偏移量对比

同期：(驾驶人) 车辆在 50 千米/小时的时候，基本上已经很难控制了。到了 60 千米/小时的时候，完全处于失控状态。

解说：我国农村的道路绝大多数都是三级以下的和等外的一些公路，道路的等级低、路况差、安全防护的设施严重缺乏，很多道路都是急弯陡坡，邻水邻崖的高危路段。2013 年的道路交通安全大检查，全国排查出这种高危路段 7.4 万处，长度达到了 6.5 万千米，仅 2013 年这一年我国因路侧无防护设施而导致的交通事故数量就有 112198 起，死亡的人数达到了 30795 人。

同期：(专家)国省道开口过多，那么开口过多会带来不同向交通流的交叉和交织，也就是带来交通的冲突点，这是第一；第二是在道路的侧面缺乏安全防护的设施，如果车辆掉进去以后，会发生重特大的交通事故。

解说：除此以外，急弯陡坡等不良道路限行以及视距不良和视线遮挡都是农村道路交通的重点隐患。据统计，2013 年县道及乡村道路事故数 47550 起，占总数的 41.6%，二级及以下公路事故数 87396 起，占总数的 44.05%。为了解决农村道路安全隐患问题，全国各地积极展开推动道路安全生命防护工程，集中排查治理隐患。那么如何有效地加强农村交通安全指数呢？江苏南通在多年的农村交通管理中总结了不少经验办法。

同期：(专家)第一个是一组百米砖，让人家知道相应的间隔距离，同时也起到警示的作用。第二个是一组里程碑，知道相应的里程数。第三个是一组照明灯，照明对于农村道路交通安全非常关键。第四个是一组会车区。最后一个是一组边缘线，这个边缘线能让我们参与交通的农村的居民知道道路的宽度。

解说：道路安全隐患是导致交通事故发生的重要原因，是人民生命财产安全的不利因素。所以，积极开展道路交通安全隐患排查治理，是消除道路安全隐患、预防和减少道路交通事故发生、保证人民群众生命财产安全的有效途径。

2.4.4　安全提示

(1)山区道路应避免停车，确需停车时应确保安全。下坡途中停车时，踩制动踏板要比在平路上提前；上坡尾随前车途中停车时，与前车保持的距离要比在平路上大。

(2)通过山路弯道时，要按照“减速、鸣号、靠右行”的原则，提前降低车速。避免在转弯时换挡，以确保双手能有效地控制转向盘。

(3)车辆在山区道路上跟车行驶时，与前车应保持较大的安全距离。遇视线不清或道路条件差的路段，跟车距离还应加大，以防前车突然停车或者停车后溜时发生碰撞事故。

(4)在山区道路上超车时，应该选择宽阔的缓上坡路段，打开左转向灯，提前鸣喇叭，在确认前车准备好后超越。严禁在禁止超车或不具备超车条件的路段超车。

(5)在山区道路上遇对向来车时，应选择安全路段减速或停车交会。不得加速或仅靠道路中心会车，以防发生剐蹭事故。

(6)车辆通过山区危险路段，应谨慎驾驶，避免停车。在较窄的山路上行车，如果靠山体一侧的车辆不让行，应提前减速并选择安全的地方避让。经常发生塌方、泥石流的山区地段，尽量不要停车。

2.5 高速公路护栏可用于事故报警定位

根据我国《公路交通标志和标线设置规范》(JTG D82—2009)中规定：里程牌可单面分别设置在高速公路两侧或者双面设置在高速公路中央分隔带上，两个方向显示的里程信息应相同(图2.18)。里程牌之间每隔100米设置1个百米牌，应与里程牌设置在相同的路侧或中央分隔带上(图2.19)。如果机动车在高速公路上发生事故，可以根据最近的高速公路护栏进行定位报警。

图2.18 里程牌版面及效果图示例

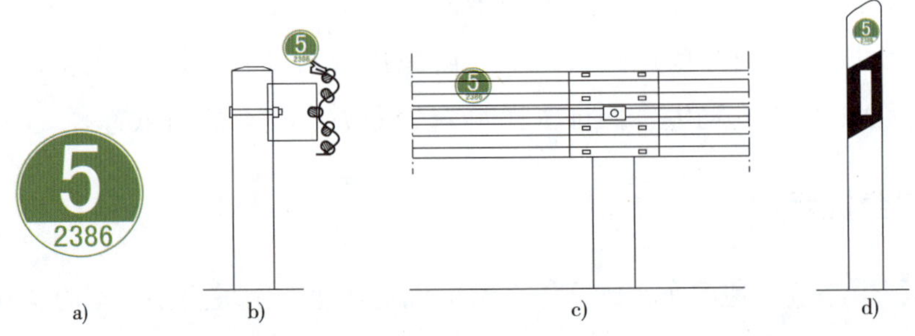

图2.19 百米牌版面及设置示例

a)版面；b)采用支架设置于护栏板上；c)附着于护栏板上；d)附着于柱式轮廓标上

尽管目前我国高速公路里程牌和百米牌的设置情况已较为普遍，但是根据网络舆论反馈，普通民众对高速定位仍不甚了解。

2.5.1 实验方案

里程牌和百米牌最初是为便于公路养护管理部门开展工作而设置的。随着我国路网的不断完善和扩大，尤其是里程数与互通式立体交叉的出口编号相对应以后，里程牌、百米牌将成为公路使用者准确确定自己位置、计算行驶里程的重要参考信息。因此在高速公路上发生交通事故，高速公路上的护栏可用于报警定位。

如图2.20a)所示，此标志表示里程牌，下方的G15代表沈海高速公路的编号，上方的2658是指千米数，即沈海高速公路2568千米处。

如图2.20b)所示，此标志牌为百米牌，下方的“26”表示第26千米处，上方的“2”表示200米处，即此百米牌表示26千米200米处(26km＋200m)。

a)　　b)

图2.20　里程牌和百米牌

高速公路护栏上每100米有一个小的数字标牌，表示道路名称的代码、千米数和米数，意味着发生任何一起事故，路侧护栏上下游50米范围内都可以看到最近的一个标志牌。

实验步骤为：

(1)将一辆车停靠在高速公路右侧紧急停车带，在距离车辆肇事地点10米处放置一个警示牌，模拟一个突发事件需要救援的场景。

(2)找到离停车点最近的一个标志牌，确定道路名称、千米数和米数。

(3)拨打报警电话，连接到交通指挥中心(图2.21)，确定事发位置。

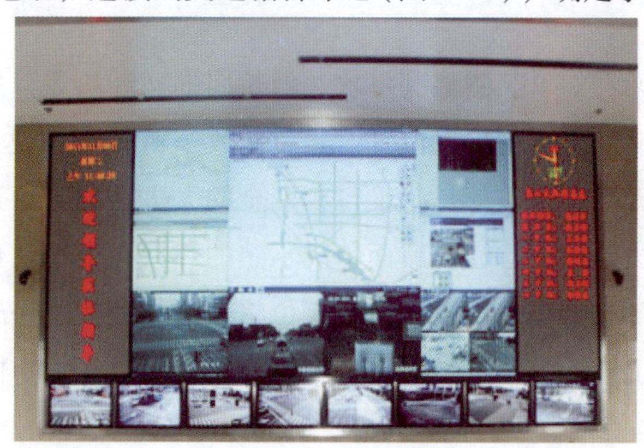

图2.21　高速公路监控中心

(4)由值班民警启动应急救援与处置系统(图2.22)，调度清障车、救援车等资源，实施应急处置措施。

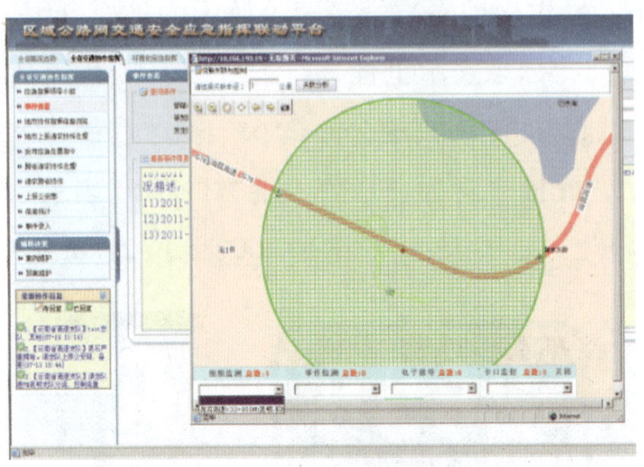

图2.22　应急救援调度系统

(5)安全提示，遇到突发事件后的应急常识、事故报警定位方法，解读交管部门应急处置流程。

2.5.2　节目策划

1)提出命题

高速公路护栏可以用来报警定位，是真的吗?

2)预期结论

高速公路上每隔100米左右就会有一个里程牌，通过里程牌上的内容就可以判断里程牌所在高速公路的地理位置。如果机动车在高速公路上发生事故，可以根据最近的高速公路护栏进行定位报警。

3)主要内容

车辆行驶在高速上如果突然遇到事故，但是周围又远离道口和村庄，这时驾驶人该如何求助?又该如何定位事发位置?紧急停放车辆时，驾驶人应该如何进行自我防护?这些问题看似简单，却是关乎行车安全的大事。由于高速公路不像其他道路都在城市及其周边延伸，这让对路面情况不熟的驾驶人很难定位自己当前所处的位置。一旦发生故障或者事故，不能及时定位将造成延误救治等严重后果。

那么，在高速上该如何快速准确定位呢?只需看好记住两个标牌就可以。

(1)里程牌，也就是常见的立在高速公路防护栏边上的大牌子。据了解，里程牌常规是每1千米设置一块，牌面下部为高速公路编号，上部为所在位置距国家高速公路起点的里程数。如果驾驶人遇到危险，及时报出里程牌的数字，就可以帮助工作人员迅速定位。例如，如果市民驾车在京台高速遇到困难，如果看到标牌上写有“G3 1156”，驾驶人在报警救助电话中报出这个数字，工作人员就会知道车辆当前所在地应为安庆市枞阳县境内的京台高速。

（2）百米牌，这种标牌一般是每100米设置一块，设置在高速路两边的护栏上，标牌下部给出里程数，上部标识百米值。举例来说，如果行驶在G4001合肥绕城高速的话，看到标牌上数字为17 K64，那么车辆所在地就为岗集往双墩方向的路段。

2.5.3 脚本编排

解说：高速公路上的护栏可用于报警定位，是真的吗？2014年6月28日，高速交警接到报警电话，出警赶往报警人提供的地址后未能找到事故现场，实际的出事地点离报警地点相差几十千米。2012年3月12日，台州高速应急救援指挥中心接到报警，按报警人提供的地址交警同样没能找到事发现场，最终在报案地5千米外找到事故车。

解说：高速公路往往都建在荒郊野岭，途中能看到的风景不外乎农田、山石、零星村庄。这个时候如果出现意外报警，驾驶人员往往都说不清楚自己到底在哪儿。虽然随着科技的发展，很多车辆可以通过导航进行定位，但在偏远山区时，导航也有可能因为地图数据的缺失，而无法进行精确定位。

同期：2013年4月26日，吴女士驾车撞上高速护栏，根据导航定位报警后，报警地点离事发地点相差十多千米。

解说：那么在这种情况下，我们到底该如何进行自我定位，让交警能在第一时间找到事发现场进行救援呢？真相小分队在网上搜索方法，网友的回复为我们提供了线索：看桩啊，不是有数字嘛。还有网友说：是的，仅仅是这么一个数字，意味着自己的生命和别人的生命，但是有多少人不知道这个数字……网友们所说的数字是什么？通过它真的可以实现报警定位吗？真相小分队决定实地验证。

解说：在工作人员的帮助下，我们先来到京港澳高速上一段因修整暂时封闭的高速路段，在这段高速的护栏上我们确实看到了一些标志牌，标志牌上写有大小不一的几个数字，报警的时候只要说出这些数字就可以进行定位吗？几番周折，我们联系到嘉兴高速一大队的民警，他们同意帮我们进行验证。为了更真实地拍摄到交警是否可以通过标志牌上的数字进行定位，小分队决定兵分两路，一路去高速救援指挥中心，另一路小分队则乘车出发上高速，在确保安全的情况下任意停车模拟报警求助。

同期：(编导)我在京沪高速上，去往上海方向。身边的标牌是 G60 115……

同期：(接线员)G60 115 上海方向。查找位置。好，打开路况监控摄像头。好的，我们看到你了，一辆白色小轿车。

同期：(指挥中心)G60 115 处，有人需要帮助。

(出警人员)收到。

解说：报警后小分队打开计时器，在安全地带等待，10 分钟后民警驱车赶到现场，找到了等在高速路边的小分队。看来对于训练有素的民警来说，利用护栏上的编码对报警人实现定位非常容易。那么这些标志牌上的数字仅仅是数字吗？有没有什么特殊的含义在里面呢？

同期：(高速大队队长)高速护栏上一般有两种标志牌，一种是大的方形的，叫作里程牌，小的圆形的叫作百米牌。里程牌上，比如 115 G60 就代表京沪高速第 115 千米处。百米牌上同样有两个数字，比如 9 115 就代表 115 千米又 900 米处。

解说：由此看来，在高速上定位也并不是难事。那么这个方法是否适用于所有的高速呢？

解说：所有的高速上都应该有里程牌和百米牌。我们前期调研发现，北京等部分地区的里程牌在道路中间的护栏内；山西、江浙地带的里程牌设置在道路两侧的护栏上。

解说：也就是说，在发生意外时，乘驾人员务必在确保人身安全的情况下寻找离自己最近的标识牌，如果标识牌在道路中间，千万不能随意穿过高速。除此之外，我们在报警时还需要注意什么呢？

解说：发生意外时，尽力将车辆移向路边，打开双闪，在来车方向 150 米处放置警示三角架，车上人员离开车辆站到护栏外侧，确保安全后进行报警定位。

2.5.4 安全提示

除了车辆发生事故或者故障等必须停车的紧急情况外，一般情况下不允许在高速公路上随意停车。在不得不停车时，机动车驾驶人需谨慎操作，避免险情。

首先，将机动车停在紧急停车带或右侧路肩上。停车前驾驶人要观察周边的情况，在确保安全的情况下提前开启转向灯后驶离行车道，停车时不要紧急制动，要分次踩制动踏板减速。

其次，停车后需要立即开启危险报警闪光灯，并在后方 150 米处设置警告标志，如果是夜间停车还要打开示廓灯、尾灯等；下车时驾乘人员要从右侧车门出来，并迅速转移到防护栏外侧路肩等安全地带之后再报警。

最后，如果车辆出现故障需要检修，最好有专人在一边负责观察前后来车情况，这样如果遇到危险情况可及时发出警告、确保人车安全。

第3章 驾驶行为篇

作为构成交通系统基本要素之一的人，既是制造交通事故的行为人，又是交通事故的受害者。驾驶人的责任事故主要是在行车过程中的观察、判断和操作三个环节上出现了失误。驾驶人首先要获取外部信息，产生自己的意志决定，再把自己的决定通过操纵动作传递给汽车，使汽车产生相应的运动。在这个过程中，会出现各种内部和外部的干扰。内部干扰如驾驶人的情绪、疲劳、饮酒等；外部干扰如侧向风的影响、道路条件的影响等。这些干扰的后果表现为汽车运动状态的不准确，而这又作为新的信息被驾驶人获取，引起驾驶人新的意志决定，例如通过转动转向盘来修正汽车的行驶方向，抑制自己的情绪等，以恢复汽车的平稳行驶。

驾驶人的活动状态是时刻在变化着的，因此，感觉、意识和行动也经常变化。交通事故发生的真正原因在于人的精神和身体状态，并且这几个原因是错综复杂地联系着的，共同决定着驾驶行为安全性。

3.1 开车接打电话反应时间是正常的3倍

从我国道路交通事故分析，超过90%的交通事故是由驾驶行为不当造成的，如观察不足、判断失误、操作不当等因素。观察不足会造成驾驶人不能及时获取路面最新信息，从而影响到对行驶环境的判断及对机动车的操控，增加事故风险概率。造成驾驶人观察不足的因素很多，分心驾驶如开车接打电话就是其中一类重要因素。

在驾驶过程中接打手机，驾驶人把其精力同时放在驾驶和通话两件事物上，造成了脑力的负荷、注意力分散、增加了道路行驶的危险。

早在1969年就有人发现，在行车过程中使用电话既会影响驾驶人对前方路口路面情况的知觉，也会影响通话效果。亚洲以及欧美等国家对这一驾驶行为分别用不同的实验做出证实。如：以色列 Bar Ilan 大学的 Tova Rosenbloom 研究了手机通话时对驾驶人的车头间距保持以及车速分布的变化特性；美国 Michael E. Rakauskas 等人通过驾驶模拟器研究了不同通话难度对驾驶行为的影响；瑞典道路与运输研究所、新西兰 Roland Matthews 等研究了驾驶人在不同交通环境下，手持手机通话、免提通话以及不进行通话三种状态的驾驶行为表现；加拿大的 Jeff K. Caird 等人研究分析了驾驶人拨打手机时的反应时间、车辆横向位置、车头间距以及车速等指标的变化规律。

3.1.1 实验方案

在驾驶模拟器上设置一条封闭的环形高速公路，测试车前方有一辆大客车，测试车始终与大客车保持安全车距行驶。通过模拟器的控制台操作随时触发大巴车失控侧滑。记录从车辆前方发生紧急情况到驾驶人采取制动措施所用的时间，即应急感知制动时间。在车速 100 千米/小时的情况下，前方大客车与驾驶车辆保持 95 米的最小安全驾驶距离。当出现紧急状况时，观察开车看手机的驾驶人能否避开失控的大客车，并记录驾驶人应急感知制动的时间。如图 3.1 ~ 图 3.3 所示。

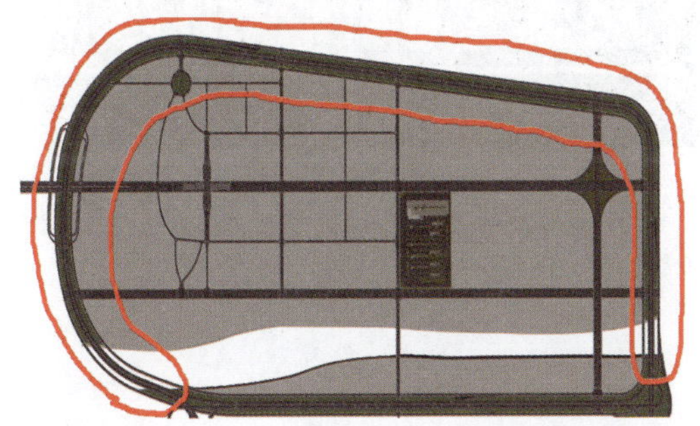

图 3.1 环形高速公路实验路段

图 3.2 模拟突发交通事故的紧急状况

图 3.3 通过驾驶模拟器测试驾驶人应急感知制动时间

3.1.2 策划要点

测试环境是在环形的高速公路上，正常的行驶速度是80～120千米/小时，选取100千米/小时车速作为测试车速。正常开车时，由于注意力非常集中，发生突发情况后，采取措施比较及时。当驾驶人将车速稳定在100千米/小时的时候，向驾驶人手机发送了一条短信，并在驾驶人看短信的同时，控制模拟器中的前车突发紧急事故。通过多次重复实验，当出现紧急状况时，开车看手机的驾驶人无法避开失控的大客车。从实验结果来看，开车看手机对驾驶行为确实有非常大的影响。数据显示：正常驾驶的情况下遇到紧急情况时，应急感知制动时间是0.57秒，而驾驶人边开车边查看手机短信时，应急感知制动时间是2.12秒。两者相差3.7倍。从数值上看差别似乎并不大，但是在这一念之间就会酿成大祸。如图3.4、图3.5所示。

图3.4 开车看手机的驾驶人无法避免撞车

图3.5 应急感知制动时间对比结果

3.1.3 脚本编排

脚本一：

导语：小动作大隐患。

解说：2013年6月，浙江金华的高速监控中心接到一起报警电话。高速路上发生一起撞车事故，接线员马上联系路上巡警。发生事故的这段高速，靠近金华高速的出口，车流量比较大，为了尽快恢复交通，快速固定事故现场信息，是交警首先要做的。

同期：（交警）第一现场看到的是在路面上，在超车道上有一个出租车，在我前方大概是300米左右有一个大客车侧翻在那边。而且在这里150米左右，右手边护栏已经撞掉了一大片。直观看去，路面上是一片狼藉，有乘客的行李，也有碎玻璃碴子。到了现场以后发现出租车是停在这个地方，在我对面大概 20 米左右的地方。车头是朝南的，车尾是朝北的，而且这个屁股已经被撞得面目全非了。

解说：由于出事的是大客车，一般这种车里都会装有监控摄像头。警察迅速找到这起案件的监控摄像。

同期：(交警)在 9 时 33 分 02 秒的时候，这辆出租车出现在快速车道上并超过了大客车，这个大客车就跟在这个出租车的后面。

画面：大客车内监控视频。

同期：(交警)那么现在驾驶人一只手握着转向盘，另一只手握着变速器操纵杆，好像在跟乘客交流。

解说：然而在监控视频中能看到，大客车离出租车越来越近，但客车一点儿都没有减速。这期间驾驶人在做什么呢？

同期：(交警)我们再回放一下。在 33 分 36 秒的时候，这个大客车驾驶人有一个很异常的举动。36 秒的时候，驾驶人用他的左手去拿放在驾驶室边上凹槽这个地方的手机。我们再往下看，他的眼睛就开始看手机上的信息。

解说：大客车撞上了出租车之后并没有立刻停下来，它撞到了右手边的护栏上，又被护栏弹到了路面上，然后还继续往前滑行了很久才停下来，风窗玻璃碎了一地。

解说：然而事故并没有到大客车这儿终结。正是由于大客车的影响，后面正常行驶的大货车也出了事故。

画面：交警带记者勘查事故现场。

同期：(交警)你看这里就是事故现场，当时这棵树是比较粗的，直径最少有 30 厘米粗都被撞掉了，现在已经死掉了。这里是驾驶室部位的一个塑料件，这里是红色的货车。大货车后座的一个小卧铺的垫子，还有一个油壶残留在那里。

解说：处理事故的警官带我们到这起车祸的第三辆车，也就是大货车失事的现场。由于货车驾驶人紧急避让前方事故，紧急向右打转向盘。车辆失控了，刮着右侧防护栏往前开了几十米远，最后翻进了路基的排水沟。这些便是大货车事故后留下的残骸。

同期：(交警)我到现场以后，两个驾驶人，车头是朝南，车尾是朝北，而且满载货物卡在驾驶室里面。我问情况怎么样，另外一个副驾驶说没问题，他就是卡在里面了。而驾驶人的情况是比较严重的。

解说：出租车虽然已经变形，但是出租车和另外一名乘客没有受伤。倒是大货车上的乘客受伤十分严重。然而这起事故中，好好行驶的出租车为什么会在高速路的车道上突然停了下来?

同期：(交警)我们在摄像中也很清楚地看到这个停在快速车道内的出租车，车头明显比车身后面要高，说明它的引擎盖这时候完全处于打开的状态。就是挡住了他的视线，挡住视线之后，驾驶人对前方的情况一点不了解，本能地踩了制动踏板就停下来了。

解说：原来，出事的出租车是因为引擎盖突然开了，挡住了驾驶人的视线，驾驶人就直接把车停在了路中间。后面的大客车驾驶人却分散了注意力，他一边看手机一边开车，从拿手机到意识到情况的8秒中，他并没有把注意力全部放在路面情况上，等反应过来的时候已经错过了处理事故的最佳距离，从而直接撞上了已经停止的出租车上。

同期：(交警)这辆车在撞到出租车的同时，向右打了一把方向，刚好和这个慢速车道的正常行驶的这辆货车发生了剐蹭，那么这个货车再往下看，本能地这个驾驶人也往右打了一下转向盘，结果就冲破了边护栏，翻到这边路沟下面去了。

解说：这起案件最终的处理结果也是大客车负主要责任，出租车承担次要责任。其实从监控录像中我们也能看到，这位客车的驾驶人出现了很多威胁安全驾驶的行为，比如一边开车一边回头跟乘客聊天，一只手开车，另一只手一直放在挂挡上面。然而导致这起车祸的便是那8秒钟边看短信边开车的行为。

解说：我们在日常的这个接出警事故处理当中，也还有一些拿茶杯或者找东西的行为，这些都有，因此造成的事故也比较多。这一块应该怎么说呢，是属于小动作大隐患。那么尤其是在高速公路的行车过程当中，动作可能是很小，我们正常工作当中或者生活当中可能是一个很小的事情，可能一下子就过去了，那么对高速行驶的车辆来讲，这个可能就像一匹脱缰的野马，它造成的后果可能会特别厉害。

解说：同样的悲剧也发生在浙江宁波。在杭州湾跨海大桥上，一辆大客车直接撞上了前方变道的货车。从视频中能清楚看到，导致这起车祸的原因也是驾驶人一边看短信一边开车。等他意识到前方车变道时候，早已来不及处理。

同期：(交警)就是自己觉得我有把握，看一下应该没问题，或者说是能够按照正常的行驶方向在行驶。其实呢，可能出现的情况很多，我们高速公路上目前应该是全封闭的，理论上讲这个情况是比较少的，但是在实际的运行过程当中，会出现很多情况，比如说停车，比如说倒车，有的时候可能会有行人，还有的就是变更车道的时候，没注意，突然之间就变更了，造成了一些事故的发生。

解说：那么开车看手机以及开车打电话等这些行为真的会影响驾驶人的注意力吗？我们来到了同济大学的嘉定校区，将在这里展开相关的实车实验。

同期：（实验人员）一会儿我们将要做一个接听手机动作的一个时间测试。

解说：当驾驶人正常开车的过程中，实验员将会给驾驶人打电话。从驾驶人听到手机响开始计时，到驾驶人拿手机滑动结束，测量这个过程需要多久。

同期：（记者）计时结束了吗？

（实验人员）3.91 秒。

解说：也就是说在开车过程中，我们从听到电话声音到拿起电话开打，哪怕不低头看屏幕，也需要至少 3～4 秒的时间。如果这个时间放在高速上，就是非常可怕的。我们都知道在正常的高速公路上，一般的行驶速度不低于 60 千米/小时。那这 3～4 秒的时间内车辆就会往前行驶将近 60～70 米远。如果前方出现紧急情况，后果真的是不堪设想。

解说：那么，开车打电话，真的会影响驾驶人的注意力吗？我们进行下一个实验验证一下。

解说：我们事先在固定的路段上放置了 2 个锥筒和 5 个箱子，然后找来两位驾驶人，一位老驾驶员，另一位年轻的。在这两位驾驶人开车到同一地点的时候，我们就分别给他们打电话。转告一些内容，等他们完成指定的路段之后，再看看他们能不能记得这个电话的内容。

解说：首先上场的是刘师傅。

同期：（实验人员）喂，刘师傅您好，明天上午 9 点 30 分我们在学校西门集合，一起出发去西塘，这次聚会每个人需要交 200 块钱的活动费，请您带好自己的洗漱用品，考虑到早晚的温差比较大，请再多带一套衣服，好吗？

解说：刘师傅能记住哪些路障，能记住哪些信息呢？

同期：（实验人员）刘师傅您好，刚才您在开车过程中看到过几个纸箱呢？

（驾驶人刘师傅）没看见，一个也没看见。

（实验人员）那您看见了几个锥筒？

（驾驶人刘师傅）一个锥筒。

（实验人员）那您能帮我复述一下刚才我给您的电话中的信息吗？

（驾驶人刘师傅）你跟我说 8 点到学校门口，其他记不得了。

解说：老驾驶人没有记住，年轻的驾驶人能记住吗？

同期：（实验人员）您记得路上有几个纸箱吗？

（驾驶人唐师傅）纸箱好像看见一个，锥筒大概有 2 个。

（实验人员）再问您一下，活动经费大概是多少？

（驾驶人唐师傅）3000 元。

（实验人员）您需要带的个人物品包括什么？

（驾驶人唐师傅）牙膏、牙刷还有毛巾。

解说：然而这一圈开下来，无论是新驾驶人还是老驾驶人都没有记住电话内容，而且都出现了记错或者遗漏的现象，也没有注意到路面上出现的物体。

同期：（专家）在开车的时候打的电话，等到车停下来之后，电话中的内容就记不清了，这件事情很可能就忘记了。这说明实际上在打电话的过程中其实是影响了用脑，所以这种行为其实都是危险的，包括您刚才提到的，视线会变窄。因为驾驶人可能就是看某一个地方了，而且这种看实际上不是有意识地在看，只是眼睛很茫然地在注视着某一个地方。这种都是对驾驶有很严重的影响的。

解说：其实这种开车时候分心的状况有很多，都是一些容易被人忽视的小动作，恰恰这样的小动作就会酿成非常严重的事故，江西抚州也出了一起类似这样的事故。

同期：（被访者）跟我们一起到前面。从这个角度你看到那几个枯萎的树木没有，那个地方就是当时这个事故发生的事故地点。慢一点，车比较多，稍微慢一点，因为这儿属于一个急弯，往这儿看，它是济广高速与福银高速的一个枢纽。从这边拐过去，这个弯也比较弯，它有 90 度，是 90 度的一个大弯道。

解说：发生事故的这段是济广高速中重要的一段，是一个非常大的转弯，来往的货车非常多，车流量非常大，像出事车辆这样的重型货车不在少数。但是经过这个弯道的时候很少有车主动减速，都是全速前进。

同期：（被访者）当时我们到事故现场，就发现那个车子就侧翻到这个中央护栏那边去，我的手机上还是有照片，可以看一下，具体当时这个车辆处于一个什么样的状态，就是车头还是冲向北边，车尾在南边，然后这个轮胎，因为侧翻嘛，轮胎直接朝向东边。发生侧翻之后，当时这个车上也有很多货物，车上的水果也侧翻了一地。

解说：经过这里的货车绝大多数都是去广东福建一带拉货。由于事故发生的时间是上午，天气状况也非常良好，不存在能见度不好的问题，那么为什么会导致这么严重的事故？

同期：（交警）一方面我们怀疑他是疲劳驾驶，可能是开了一夜车，第二天坚持不住了，正好这儿又是一个大弯道，这个路段又特殊，所以发生了交通事故；另外一方面有可能就是这个路段，弯道及车子自己性能的问题，比如说突然这个方向或者是制动失灵啊或者一些机件上一些问题导致这个交通事故。

解说：然而勘查的结果却令他们非常意外。

同期：(被访者)对。如果要是疲劳驾驶的话，等你醒过来的时候，车子肯定已经撞上去了，而且他这个有十几米的制动痕迹，说明他之前采取了一些措施，所以排除了疲劳驾驶的这种可能性，对这个车辆，当时也看了一下，发现驻车器制动器都是没有什么问题，都是好的。

解说：在对驾驶人的再三盘问下，驾驶人才道出实情。

同期：(驾驶人)我想拿耳朵耙，耳朵痒。

解说：原来，驾驶人在开车过程中觉得有个小飞虫飞到耳朵里去了，耳朵里面非常痒。他开始用手扑扇了几次也没效果，用手指也掏不出来，于是他想到挂在钥匙串上的挖耳勺。但是钥匙串还有车钥匙，正挂在他的腿前方。他并没有按照安全行驶要求那样把车停到路肩上，而是一边开车一边想把挖耳勺从钥匙串上转下来，结果一不小心就把钥匙拔了。由于这个货车的安全设计，钥匙拔了之后虽然不会熄火，但是转向盘会锁死。正好前方遇到了一个弯道，他没办法改变方向，只能任由货车撞向护栏，最终导致了这场车祸。

解说：那么事实到底是不是这样？实验将告诉我们答案。这个大球便是这次做实验用的驾驶模拟器。在这个大球里面有一辆真车，只是与真车不同的是它的后视镜和倒车镜都换成液晶显示屏。当程序启动，实验开始，前方的投影仪幕布上会显示道路信息，模拟真实的环境。正是凭借着这座模拟驾驶舱，人们可以逼真地模拟出车辆在驾驶的加减速、转向等以及各种不同道路环境下的真人驾驶。

解说：实验员在计算机内输入已经编辑好的道路信息及天气信息。他从这边发出指令，那边的驾驶室内人员就可以点火起步了。

同期：(实验人员)你看这是弯道，这样走……

解说：由于系统的安全性设计，进入大球体内的每一扇门都需要牢牢关紧。一切都准备好就可以开始实验了。

同期：(实验人员)准备，5、4、3、2、1，开始。

解说：从屏幕上我们能够看到模拟出的道路状况，实验者各方面的体验都类似于在真实的路段上行驶。

解说：那么实验的结果真的会如预期那样吗？实验车子在进入弯道后熄火，转向盘动不了，运动轨迹和事故车辆一样，冲出了道路，还原了当时的事故过程。

解说：其实不管是发生在金华还是江西，这些车祸发生的根本原因都是驾驶人注意力不集中。虽然这些驾驶者都目视前方，但是他们的视线是不是都能注意到前方的事情呢？

同期：（专家）他可能注意力不集中，他会看到某一样不显眼的东西，一直不停地看，实际上这个时候，其实眼睛是无意识地看着那个东西，这个时候就说明他实际上已经精力分散。

解说：其实无论在什么路段，高速也好，普通路段也罢，每个人都要规范自己的驾驶行为，都要集中注意力在自己所做的事情上面。近年由于打电话导致的交通事故数量年年递增，调查表明，开车时一旦注意力不集中，发生事故的概率提升4倍。

解说：或许那位客车驾驶人没有看手机，他就能有这样的时间和精力来规避后面车祸的发生，或许那位大货车驾驶人没有拔钥匙，也就能平平安安到家。每个人都不应该抱有侥幸的心理，往往事故发生也就是那一两秒的事情。如果遇到非接不可的电话，非做不可的事情，那就按照安全驾驶的要求，停到路边去做这些。我们不仅要对自己的安全负责，也需要对别人的安全负责。杜绝这些小动作，做到每天都安全文明出行。

脚本二：

导语：开车时不应该看手机是我们大家都知道的常识，我们上网搜索，也发现大部分网友对此持否定态度。然而，当我们在路上实地蹲守时，发现车主们开车时并没有那么规矩。那么，开车看手机到底会造成多大的影响呢？

解说：为了安全保证，此次实验在驾驶模拟器上进行。

同期：（专家）动感驾驶模拟器，它能够比较真实地模拟我们的实际驾驶情况。为了本次测试，我们特意在一条封闭的环形高速公路上设置了测试环境。在测试车辆的前方有一辆大客车，始终与大客车保持安全车距来行驶。通过模拟器的控制台操作随时触发大客车失控侧滑。

解说：本次实验主要记录对比的数据叫作应激感知制动时间。

同期：（专家）应激感知制动时间是指从车辆前方发生紧急情况到驾驶人采取制动措施所用的时间。

解说：同时，我们还对车速进行了限制。

同期：（专家）测试环境是在高速公路上，正常的行驶速度是80～120千米/小时，所以我们取100千米/小时的车速作为我们的测试车速。

解说：此次实验，我们请来了一位有十多年驾驶经验的老驾驶人。我们先来测试正常驾驶的情况。在时速100千米/小时的情况下，前方大客车与驾驶车辆保持

95 米的最小安全驾驶距离。当出现紧急状况时，师傅能否避开呢？

同期：(驾驶人)正常开的时候，由于注意力非常集中，采取措施比较及时。

解说：随后，我们多次重复该实验。看来只要注意力集中，这样的突发事情可以处理好。那么，模拟器采集的数据是多少呢？

同期：(专家)正常驾驶时，驾驶人的平均时间是 0. 57 秒。

解说：我们继续实验，当师傅将车速稳定在 100 千米/小时的时候。我们向师傅的手机发送了一条短信，并在师傅看短信的同时，控制前车突发紧急事故。在接下来的一个小时里，我们多次重复该实验，均无法避免事故的发生。

同期：(驾驶人)当时在看手机，注意力分散了。

解说：从实验结果来看，开车看手机对我们的驾驶行为确实有非常大的影响。模拟机采集到的数据显示：正常驾驶的情况下遇到紧急情况时，应急感知制动时间是 0. 57 秒，而驾驶人边开车边查看手机短信时，应急感知制动时间是 2. 12 秒，两者相差 3. 7 倍。从数值上看差别似乎并不大，但就是在这一念之间就会酿成大祸。

3. 1. 4　安全提示

开车使用手持电话影响了判断力，更影响了安全驾驶，是一种妨碍安全驾驶的行为。如果驾驶车辆时拨打电话，会增加驾驶人的大脑负担，延迟反应时间，而且，拨打电话时容易导致目光凝聚，无法关注周围环境。更有甚者，在电话中争论会加剧驾驶人的负面情绪，导致无意识急剧踩加速踏板等行为，危害自身安全。

3. 2　超速会降低驾驶人视力，缩小视野范围

“十次交通事故九次快”，超速行驶是引发交通事故的严重交通违法行为。超速行驶影响车辆的操作稳定性，超速行驶时，车辆操作稳定性减弱，特别是在弯道处行驶，由于离心力的作用，易使车辆发生侧滑或倾斜。过大的离心力使车辆变得极难驾驭，甚至失控。此时，如果在路面附着系数较小的道路上行驶，就可能侧滑、撞车，如果在路面附着系数较大的道路上行驶，就可能造成翻倾等事故。而且，超速行驶使车辆的制动非安全期延长，制动距离主要受车速制约，由于惯性作用，车速越快，制动距离越大，制动非安全期越长，超速行驶制动非安全期延长，从而也就增大了事故发生的可能性。超速还会使汽车的制动距离增长，汽车的制动距离随车速提升而增加，超速行驶时，其制动距离可比平时大幅增加，因而最容易发生追尾或碰撞建筑等事故。

超速对驾驶人的影响很大：首先，车速越高，视力下降得越严重，即使是近景，也几乎无法辨认时间和看清楚，这就使驾驶人难以全面感知交通信息，很容易发生交通事故；其次，超速行驶次数越多，安全系数越小，超速行驶的汽车习惯性超越正常速度行驶的车辆，势必造成经常处于跟车的状态，跟车时，必然要缩短与前车的间距，这就容易发生追尾事故。而且，超速行驶会造成驾驶人心理紧张，措施失当。驾驶人在超速行驶中，如果突然遇到意外情况，心里就会极度紧张，慌乱之中根本无暇冷静思考，判断失误，交通事故往往就在此时发生了。而且超速行驶增加驾驶人疲劳程度，反应能力下降。超速行驶必然在单位时间内感知和处理的信息增加，操作动作更加频繁，大大增加了疲劳程度，使驾驶人的反应能力下降，因而极易发生事故。

根据 2013 年因超速导致的事故中驾驶人的年龄分析，驾龄 6 ~ 10 年的驾驶人在超速事故中占 26% 。这阶段驾龄的驾驶人可以熟练操作机动车，因此往往对超速置若罔闻，但是往往引起交通事故的就是 6 ~ 10 年驾龄的驾驶人。

3.2.1 实验方案

让参与实验人员在驾驶模拟器上进行模拟驾驶，在同一条道路上分别模拟出不同驾驶速度下驾驶人的动视野，最后进行数据处理与比较。实验主要采集数据为驾驶人注视点。

此次实验的高速公路场景，大部分路段为直线，存在几个弯道，驾驶人行驶途中不存在其他车辆与障碍物。利用相同场景进行 4 次实验。驾驶人分别以 70 千米/小时、100 千米/小时、130 千米/小时、160 千米/小时的速度行驶在实验场景下，分别用眼动仪记录驾驶人的注视点数据。

实验结束后，眼动仪进行前景视频与视线注视点视频的融合，在驾驶场景中点出驾驶人的视线注视点。如图 3.6 所示。

当车速越高时，驾驶人员视线越模糊，对驾驶人员的心理造成一定的压力，从而微小的视觉变化都会引起驾驶人员的视线剧烈波动和偏移车道中心线。

3.2.2 策划要点

(1)车辆因超速行驶而导致的交通事故案例视频(3 ~4 个)。

(2)交通事故原因调查。

(3)科学解读及验证：

直道：超速驾驶人的视野会缩小到正常的1/3。正常120度的范围，超速只能看到40度的范围(高速公路)。

弯道：如果超过限制车速时(公路弯道)，车辆会冲出车道。

验证手段：模拟器实验和实车实验。

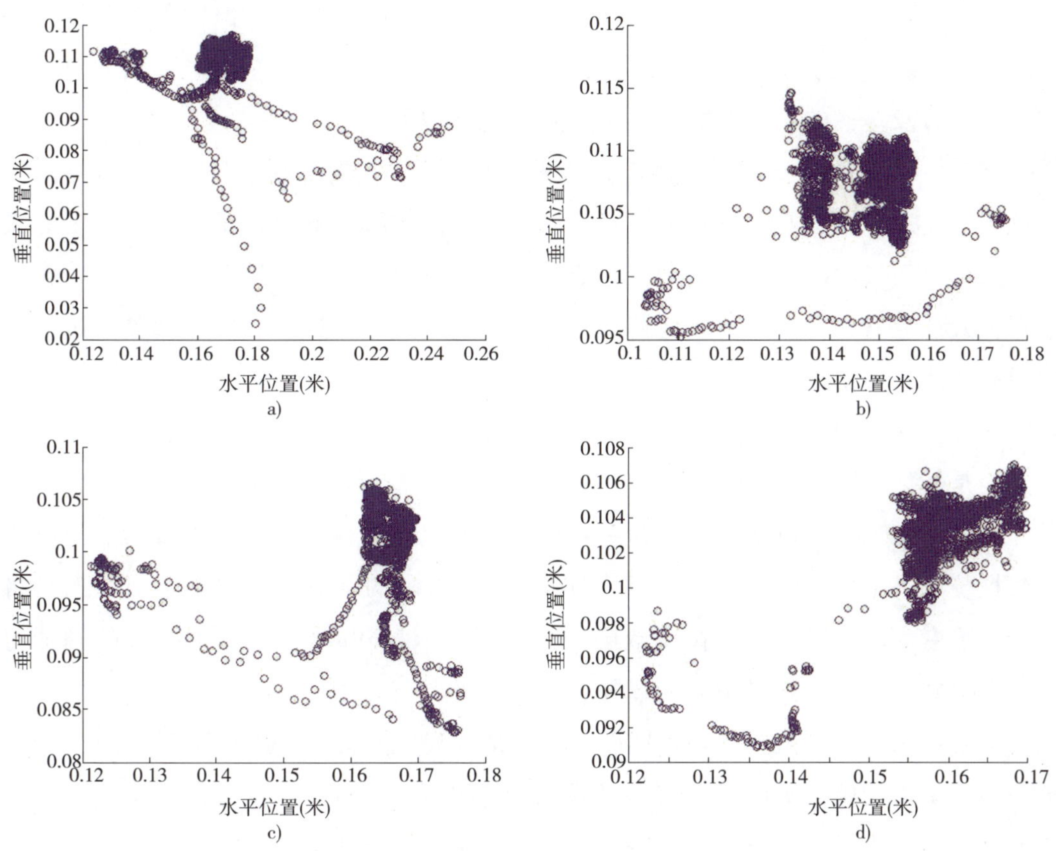

图3.6　视线注视点分布图

3.2.3　脚本编排

脚本一：

导语：明明知道超速会导致很严重的后果，但是为什么还会有驾驶人抱着侥幸心理超速行驶呢？还是会有越来越多的因超速而发生的交通事故呢？这其中很大程度上因为驾驶人对超速这个概念的模糊。

解说：简单来讲，超速越高，驾驶人动视力下降越多。实验表明当时速达到72千米/小时，视力会下降到0.7。

同期：(专家)我们在开车高速运转过程中和低速运转过程中，一个人的自信心是不同的。特别是在高速运转当中发生突发事件的时候，人判断他的变形量是较大的，他的从容度就显然比我们低速运转过程当中的准确程度相对来说要大。比如在高速运转过程中，一个人的应急处置能力处于下降状态。

解说：驾驶人的视野也与车速密切相关。正常情况下，人的双眼视野可达 160 度。车速在 40 千米/小时的时候，人的视野范围为 90 ~ 100 度。但如果车速提高到 100 千米/小时的时候，人的视野范围就只有 40 度了，而且这个时候驾驶人对周边的反应能力及车辆的制动性能都有所下降，危险程度提高了。

同期：(主持人)安全驾车在正常情况下不超速，在通过高速公路上的隧道时就应该加倍注意了。细心的驾驶人可以发现在所有进入隧道的时候都有一个速度的减速提示牌，而提示的速度都低于所在道路的时速。可是这么一个降速的提示，大多数驾驶人都觉得可有可无并且保持原来的车速进入隧道，这样在隧道驾驶的过程当中便是超速驾驶了。

解说：在驾驶过程中难免会发生突发状况，那么如果这些突发状况发生在隧道内又会是什么情况呢？

解说：在工作人员帮助下，利用汽车驾驶模拟器进行了下面一组实验。根据事故数据统计，隧道内的事故多半发生在事故内 40 米的地方，实验中，实验人员将一个粉笔盒大小的障碍物放在模拟场景隧道口的入口 40 米处。参加实验的刘师傅是一名有着十多年驾驶经验的老驾驶人。

解说：第一次测试中，刘师傅以 120 千米/小时的速度行驶并不采取减速措施。从模拟汽车内的摄像头可以发现，刘师傅以 120 千米/小时的速度进入隧道且不采取减速措施，当他发现障碍物已经来不及采取制动或避让措施，撞上了障碍物。

解说：那么如果同样的测试放在普通的道路上，刘师傅以同样的时速驾驶，在发现障碍物的时候，迅速采取制动措施，并在障碍物前方 30 米处停下。

同期：(专家)首先，在进入隧道之前要打开车灯，降低车速，以便更好地适应光线明暗的变化，握好转向盘，避免车辆偏离车道。其次，在隧道内要保持安全车速和车距。不能变换车道超车或随意停车。最后，是在驶出隧道前，要看清楚隧道外面的路况，保持原来的车道平稳地驶出隧道。

脚本二：

解说：这是一辆由浙江开往贵州的大型卧铺客车，在进入隧道之后严重失控，一头撞向了隧道左侧，沿着隧道壁滑行了 30 多米后，车身旋转 380 度横摆在了隧道中央。3 秒钟不到，紧随其后的大客车在发现情况后紧急制动，但为时已晚，车子在横摆后狠狠地撞了上去。又过了5秒钟，一辆蓝色大客车又飞奔过来，尽管驾驶人提前踩了制动踏板，降低了车速，但是已经没有办法控制车身，无奈之下，只好迎头又撞了上去。但恰恰是这一撞，对后来发生的事情产生了意想不到的结果，这是一辆从湖北开过来的重型货车，驾驶人在发现前面有重大事故后，将车子稳稳地停在隧道的右车道上，并打开了警示灯，这时它距离事故点大概有20米远，货车上的驾乘人员可能根本就想不到，尽管自己处理得非常及时得当，但是最后也难逃厄运。就在货车停下来不到10秒钟的时间里，我们可以看到一辆小型面包车朝事故地点快速地冲了过去，难道他没有看到前面所发生的事情？这辆面包车的结局又会怎样？就在面包车通过后不到9秒钟，一辆大客车再次冲了进来，很显然，这辆车的驾驶人也没有看到前面发生的事故，踩制动踏板已经来不及了，车尾猛地撞在隧道的右侧。刚刚从前面进去的那辆面包车会不会就此被追尾导致车毁人亡了呢？

同期：(交警)我看那个视频，当时发生那个场面真的是太震撼了，现场相当惨烈，所有的车一进去就像着了魔似的，失控啊，掉头啊，转在里面，那真是惨不忍睹。

解说：大货车不停地闪着警示灯，但是后面的车却无视这警示灯，还是一股脑地往里钻。货车驾驶人见此，可能隐约感到情况不妙，开始紧急倒车，但是还是有大客车不明就里地往里开，再这样下去，里面的人和车都会被挤得不成样子。而对于这辆一直安全的大货车来说，灾难性的一幕终于发生了，而且越演越烈。

同期：(交警)感到疑惑的就是这个车，所有的车辆就是到那块的话就完全失控了，我们也可以看到那个驾驶人采取了制动，但是那个车就是失控，都是横着撞上去啊。

解说：很快，现场最外面的一辆大客车的乘客开始在驾驶人的指导下从车窗翻出车外，或许是车上的乘客害怕后面再有车疯狂撞来，也或许是驾驶人考虑到如果客车被撞到油箱，就极有可能发生爆炸，撤离现场必须迅速，因此现场顿时热闹了起来。这就是驾驶人张某，他开车十几年第一次遇上这样的车祸。

同期：(客车驾驶人)这个事情太突然了，车距比较近，没办法躲了，就撞在他车上了，然后车子也打横了，有几秒钟当时(脑子)空白了一片，然后才回过神来，当时真的很怕，还没反应过来，又有个小车又撞在我后轮上了，很多旅客也醒了，醒了有一点慌张，当时车停好之后，我又赶紧疏散旅客下车，我害怕有油漏什么，发生火灾之类的。

解说：隧道中发生交通事故最怕的就是着火，因为在那样的封闭空间，一旦着火，便很难将它扑灭。这是2009年发生在隧道中的一起事故，这两辆车非常奇怪地并驾齐驱着，原来它们是由于超速导致了剐蹭，之后大车一直拖着小车向前开着。他们本来可以避免这场灾难，他们中途两次下车协商，可之后依然由大车拖着小车前行。也许他们是想友好地共同逃出隧道，然而最不想看到的一幕发生了，而想要扑灭这场火就不是那么容易了。

解说：因此隧道中发生事故时，人员的疏散必须迅速，以免发生不必要的伤亡。看到最后那台车上面的乘客，都没有事，敲开安全玻璃之后，都从那一块跳下车，驾驶人都把他们转移到外面去了，我们就感觉到还好，车上的人员没事，都转移出去了，所以我们心里才稍微踏实了一点。

解说：看完整个监控录像，交警还是不解，为什么除了那辆大货车，其他的这十几辆车对于前方事故的发生一无所知，甚至是对于警示灯都毫无理会地冲了过去呢？是没看见，还是看见了却没有制动住车呢？现场到底有着怎样的隐情？

同期：(交警)在现场处置的民警就给我们反馈的信息，我们在那里看录像的时候，他给我们反馈的信息就是说查看了当时出事的这个驾驶人都是有6年以上驾龄的，都是所谓的老驾驶人了，所以产生这样的情况，我们也感到更加疑惑了。

解说：面对这么大的一起事故，就连交警也感到十分困惑，他们反复看着监控录像，怎么看怎么觉得蹊跷，于是他们来到了现场，这是一个隧道口，一直向里走，就可以看到事发点。事故现场还在处理，不知道究竟人员的伤亡情况如何，每个人心里都揪着。

同期：(交警)我们到达现场之后，就对整体的现场看了一遍之后，我们心里基本上就对这个事故的产生原因以及为这个车辆摆放成这个样子的原因都基本上有数了。

解说：事发隧道是位于湖南和贵州交界的庙山隧道群，是由两个长隧道和若干小隧道组成的，开车行驶在其中，感觉一会儿白天一会儿黑夜，每次出现交替时，眼睛都需要适应几秒钟才能恢复正常。

同期：(交警)隧道群从明到暗，从暗到明，驾驶人不断地受到不同条件的反射，所以会造成驾驶人的视觉相对来说容易疲劳一些。

解说：交警说在明暗交替之间，视觉还会出现盲点，那么究竟进入隧道行驶与正常的高速公路有多大差距？

同期：(专家)明暗变化的时候，人的这个眼睛有一个适应的时间，瞳孔会根据明暗的不同产生收放，那么这个时间相对来说还比较快，差不多就是一秒钟左右，这个瞳孔就会放大。

解说：人的眼睛由瞳孔、视网膜、角膜、睫状肌、晶状体等组成，看东西时，物体的影像通过屈光系统，落在视网膜上并形成视觉神经冲动，将图像信息通过视神经传到视觉中枢形成视觉，建立起图像。瞳孔是光线进入眼睛的通道，它可以对明暗作出反应，放大或者缩小，从而保证物体成像既清晰，而又不会有过量的光线灼伤视网膜。瞳孔的适应时间并不长，只有一秒钟左右，但是来自视网膜的适应时间就要长很多了。

同期：(专家)关键是视网膜，视网膜中有一些蛋白质重新组合，然后能够接收这个信息，而光的这个信息的时间就非常长，至少有30秒。

解说：瞳孔放大后，人眼由中心视觉逐渐转变为周边视觉，视网膜周边部的视杆细胞逐渐开始发挥作用，合成视紫红质，视觉能力逐渐提高，当从亮处进入全黑环境时，这个过程需要30秒钟。因此，为了尽量减小视网膜的调节时间，通常在隧道内会布设大量灯光，尽量减小隧道内外的光线差距，使驾驶人的视觉变化过程尽量缩短。但是即使这样也依然无法完全消除光线的差异，一般也要两三秒钟，人才能恢复视力。可是哪怕只有这短短的两三秒钟，对于时速为80千米的车来说，就已经冲出去了数十米。

同期：(专家)而且就是即使开始看见东西了，也有个过程，就当你能看到模模糊糊隐隐约约看到一点东西到完全看得清东西，这个时间可能就更长了，在这个过程当中，只要洞内有一些异常的情况，比如有一个障碍物，或者前面有一辆故障或者违章停放的车辆等，就会出现问题。

解说：不知道视觉上的变化是不是造成这起事故的主要原因呢？为了保证安全，交警刻意放慢了车速，很快我们到达了出事的隧道，这已经是这个隧道群中的第三个隧道了。往里面走就是当时发生事故的地方，现在一切已经恢复正常了，一进隧道，感觉地上似乎有些潮湿。

同期：(记者)在空气比较湿润的时候，加上隧道内的排风系统比较外面来讲的话，散不出去是吧？(交警)对，加上油烟的沉积，容易在地上形成一种水油混合的膜。

(记者)这种路面是不是制动距离就比较长？

(交警)对，车辆在这种路面上行驶，相应的制动距离在同等的情况之下会有所延长。

解说：对于隧道内的路面，我们进行了制动距离测试，当汽车时速为40千米时，制动距离为14米，而高速公路上通常为10米，差距并不是很大。可是当时速增加到60千米时，制动距离高达30米，而高速公路上通常只有22米。当时速提高到 80 千米时，制动距离竟然超过了 50 米，而高速公路上，通常仅为 36 米。

解说：正因为隧道的特殊性，因此，通常高速公路的隧道都会有减速提示，庙山隧道当时的限速为 60 千米/小时，而根据询问结果发现，当时驾驶人的速度都超过了 80 千米/小时，那么他们的制动距离将会远远超过 50 米，再加上进入隧道时视觉上的变化时间，车子可能一下子就会冲出去 100 多米，这的确是一个不短的距离。

同期：(记者)事发点在什么地方?

(交警)事发点就在前面。

(记者)前边是吧，这离洞口有多远?

(交警)250 米吧。

解说：在交警的带领下，我们找到肇事地点，可是肇事地点距离洞口足足有 250 米，在这个距离上如果车辆时速低于 90 千米，应该不可能制动不住车。为什么这些车依然还是一个个向着事故现场冲了过去呢?为了更接近事情的真相，我们在事故点的位置摆放上一辆货车，接下来我们将使用另外一部车进入隧道，看看我们会观察到什么。

解说：车辆以 90 千米/小时的速度行驶，一进隧道先是感觉到了一片黑暗，几秒钟后眼睛恢复了正常，前面一片坦途，目标货车出现在视线中，驾驶人一脚踩下制动踏板，车子稳稳地停在了距离货车十几米之外的地方。这与我们的预计结果是一致的。可是事故时大多数车辆时速并没有达到 90 千米，那么究竟是什么原因致使车祸接二连三地发生呢?

同期：(交警)那天是个阴雨天，所以在这个隧道外面的路都是湿的，车轮把隧道外的这个水带入隧道之后，因为隧道是一个封闭的条件，加上通风没有外面条件这么好，水一下干不了，就会越积越多。

解说：这是几起因为雨后湿滑造成的惨案，在这种湿滑的条件之下，道路摩擦系数会更低，车辆的制动距离将会大大增加，在 80 千米/小时的速度之下，制动距离就会高达上百米，而更要命的是，在事故地点之前，是一个长达 500 米左右的长下坡，而这个下坡却非常难以被察觉。

同期：(交警)隧道里面没有参照物的话，现在根本就看不出来它是下坡。而且你看那个地面是相当湿滑的。

解说：而且事故地点之前 10 米的地方有一个左转弯，虽然这个转弯弧度并不大，但是下坡与弯道的叠加作用却是非常致命的。

解说：这是发生在临沂山区弯道的一起事故，一辆装载水泥桥梁板的车辆正在开往沂水。由于下坡加拐弯，车速过快，拐弯不及，车辆呼地一下向护栏甩过去，砸在高速公路护栏上，巨大的扭力导致货车车厢分离，断为两截。

同期：(交警)临沂市地处沂蒙山区，山路比较多，特别是弯道，连续转弯的路况应当说是大量存在，有些驾驶人对于弯道行驶过程当中的危险性认识不足，车速比较快，掌控不好车速极易发生交通事故。

解说：为了让大家更真切地体会到超速行驶在转弯中的杀伤力，临沂的交警做了这样一个测试。这是一个直径为20米的弯道，安全通过弯道的速度极限是40千米/小时，但是当速度增长到50千米/小时时，情况发生了很大变化。

同期：(专家)弯道肯定是受力不利的一个地方，由于离心力的作用，它会产生一个横向的力，这个横向力是会严重地影响驾驶稳定性的，而离心力的作用实际上是速度的平方关系，有时候驾驶人觉得我速度增加一点点有什么关系呢？我超过一点点有什么关系呢？

解说：如果碰到S形弯，那么道路限速将会更低，否则即使通过了第一个弯道，恐怕也很难通过第二个弯道。因此山区的高速公路经常会限速低至30千米/小时。

同期：(交警)因为山区这个道路急弯连续转弯比较多，即使驾驶技术比较好，第一个弯能过去了，但是在第二个弯的时候，可能就要引发交通事故了，如侧滑或者是翻车。

解说：而在同济大学汽车模拟器做的这个测试，增加了小雨天气条件，路面湿滑，因此车辆速度即使低至40千米/小时，可当他驶上弯道时，依然是无法及时制动住车并顺利转弯，而是直接撞向了山体。

解说：而发生在庙山隧道的这起事故，很多车辆之所以都是以很奇怪的姿态飞驰，正是因为高速行驶的过程中，当驾驶人突然发现前方事故时，只能采取急踩制动踏板，想以此避免追尾，但是湿滑的地面加上弯道的离心作用造成车辆甩尾侧滑，加重了事故的严重程度。

同期：(交警)在这种湿滑的路面上，再加上封闭的条件，驾驶人采取制动之后，转向盘握不好，稍微有一点偏动，就会产生甩尾打转。

解说：而那辆停住了的大货车正是因为进入隧道时按照规定减速了，它当时行驶的速度为60千米/小时，因此明暗变化时间内的行驶距离也会比其他车辆要短很多，这样它会在距离事故车辆更远的地方发现前方事故，而它的制动距离也相对要短很多，因此车辆安稳地停了下来，但是最终并没有能够逃脱悲惨的命运，那是因为驾驶人犯了一个致命的错误。

同期：(交警)最关键的就是说它停在了一个弯道上面，而且又是一个下坡的弯道上面，所以致使后方的车辆看不到它。

解说：就在这辆车停靠位置前方不到10米的地方，有一个安全停车带，如果驾驶人当时稍稍靠前将车子停入安全停车带，那他或许就可以幸免于难。惨痛的教训事故给驾驶人带来的心理阴影恐怕永远都难以磨灭。

同期：(交警)经历过这个事故的驾乘人员，他们自身的心理都因此而有了很大的创伤。在我们后面回访当中发现，有个别驾驶人自从事故之后就离开驾驶人这一岗位，就不再从事营运车驾驶了。

解说：昏暗的光线，阴雨天后湿滑的水泥路面，下坡后的弯道，再加上驾驶员的超速行驶，造成了这起恶性事故。幸运的是，当时除了最后这辆大客车之外，前面有两辆大客车都是空驶返程，整个事故只造成了一人死亡。然而这血的教训却永远在为人们敲响着警钟——切勿超速行驶。

3.2.4 安全提示

(1)据有关部门数据显示：车辆行驶速度每超过限速5千米/小时，交通事故危害性将上升近200%，驾驶人驾车出行，切勿超速驾驶。

(2)驾驶人驾车超速行驶时，视力降低、视野变窄、判断能力变差，直接影响驾驶人的操作稳定性，如遇紧急情况，往往措手不及，造成碰撞、翻车等交通事故。

(3)驾驶人在高速公路上超速行驶，车辆发生机械故障的可能性增加，容易造成爆胎、制动失效等机械故障，导致交通事故的发生。

(4)超速影响车辆操作稳定性。特别是在弯道处，由于离心力的作用，易使车辆发生侧滑或倾斜。在同等条件下，车速提高1倍，其离心力会增大3倍，过大的离心力容易使车辆失控，出现侧翻。

(5)超速的车辆，加大了自身侧滑的可能性。速度越快的车，转弯时产生的离心力越大，在急转弯时容易出现车辆侧滑翻车事故，特别是雨天在高速公路上行车，车速过快极易发生侧滑。

(6)驾驶人超速行驶，会导致视力下降，判断不准。动视力比静视力低10%～20%。动视力与速度成反比，速度越快，视力下降越多。为了自己的安全，请驾驶人朋友不要超速行驶。

(7)超速可以直接导致交通事故的发生。当车辆行驶速度达72千米/小时时，视力为1.2的驾驶人，此时会下降到0.7；当车辆行驶速度为40千米/小时时，视野为100度；车辆行驶速度为100千米/小时时，视野仅为40度，这时两边的景物无法看清，车速越快，视野越窄。请驾驶人朋友不要超速驾驶。

(8)人眼看到的信息传递给大脑，大脑再向肢体传递指令，平均需要1秒的时间。车速越快，反应距离越长，危险越大。请驾驶人朋友谨慎驾车，不要超速行驶。

(9)超速行驶，制动距离延长。车辆的制动距离与路面摩擦系数及车速有关系。不同路面，摩擦系数不同，车速越快，制动距离越长，发生事故的可能性陡增。

(10)同一车辆行驶速度越快，冲击力越大，发生事故碰撞时后果越严重，因此驾驶人超速行驶，会加重交通事故的后果。为了您和家人的安全，尊重生命，拒绝超速。

(11)高速公路追尾碰撞事故较多，其主要原因是车速过快、未保持安全距离。高速公路行车请集中注意力，保持安全车距，不要超速行驶。

3.3　会车时远光灯致盲时间超过2秒

说起车灯，驾驶人和路人都不陌生，尤其是在夜晚和雾天的情况下，汽车都会利用车灯行驶，因此车灯起到了很重要的作用。但是近些年，由于车灯使用不当造成的车祸事故屡见不鲜。

我们大家都有过这样的经验：当汽车远光灯在瞬间摄入人的眼睛时，因为是强光，人的眼睛会因为视觉神经受强烈刺激看不清任何物体和道路前方的情况，直到几秒甚至十几秒后才会逐渐恢复，这就是视野盲区。比如在两车距离接近尤其是相会时，远光灯强烈的光线会造成对面驾驶人瞬间视野盲区，一般人最快需要2秒才能恢复。这段时间内，驾驶人对周围行人和前后来车的观察能力大幅下降，会带来严重的交通安全隐患。如果此时车辆速度过快，极易发生交通事故。而从强光下再恢复到黑暗，则需要更长的时间，时间越久才能看得更清楚。正是这短暂的眼球适应过程，会导致驾驶人发生视觉错觉从而引发事故。

滥用远光灯也可能造成视线模糊不清。夜晚相对方向行驶车辆的远光灯所产生的超大光晕会占据人视觉中很大一部分面积，从而使驾驶人视线下降，对来车的宽度及其身后情况判断不准，尤其是对一些刚刚学会开车的驾驶人来说，极易造成手忙脚乱，从而采取错误的操作，导致交通事故发生。

滥用远光灯也可能造成驾驶人情绪不稳定。驾驶人夜间会车时遇到对面车辆开着刺眼的远光灯，会无法判断前方路况。素质较高的驾驶人会减速或靠边让行，而脾气暴躁的驾驶人往往采取“你亮我也亮”的态度，以致双方都看不清对方，从而引发交通事故。

然而目前，道路上多数驾驶机动车的驾驶人并没有根据道路照明设施的明暗度来决定远光灯的使用，滥用远光灯的现象相当严重，错误的时间使用远光灯不仅不会提高行车安全，反而会增加危险事故的发生概率。

既然远光灯使用不当可以造成如此大的危害，驾驶人是不是该慎用呢？我国《道路交通安全法实施条例》中，对远光灯的使用有明确规定，在没有中心隔离设施或者没有中心线的道路上，夜间会车应当在距相对方向来车 150 米以外改用近光灯，在窄路、窄桥与非机动车会车时应当使用近光灯；机动车通过有交通信号灯控制的交叉路口，夜间行驶开启近光灯；机动车在夜间没有路灯、照明不良或者遇有雾、雨、雪、沙尘、冰雹等低能见度情况下行驶时，应当开启前照灯、示廓灯和后位灯，但同方向行驶的后车与前车近距离行驶时，不得使用远光灯；在雾天驾驶机动车，应当开启雾灯和危险报警闪光灯；机动车在夜间通过急弯、坡路、拱桥、人行横道或者没有交通信号灯控制的路口时，应当交替使用远近光灯示意。

我们针对远光灯的危害做了一个实验，如图 3.7 所示。通过图片的形式来展现远光灯的危害，更加简洁、清晰。

a)

b)

c)

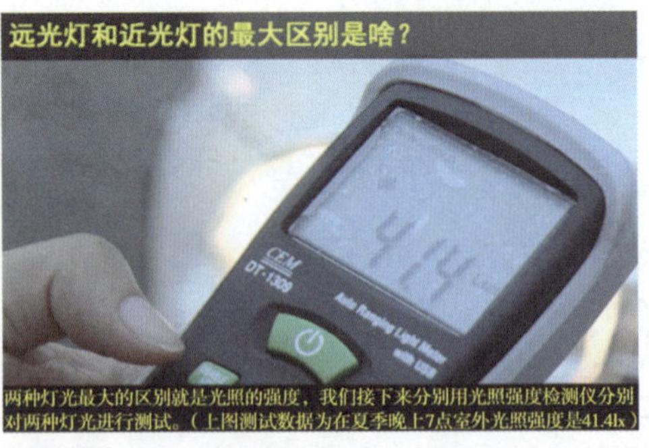

d)

图 3.7

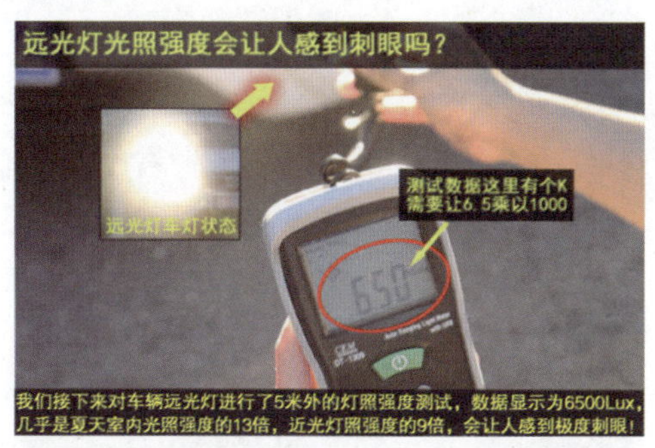

e）

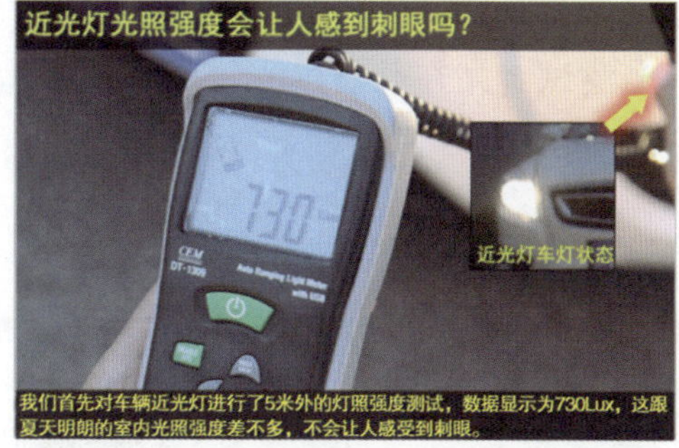

f）

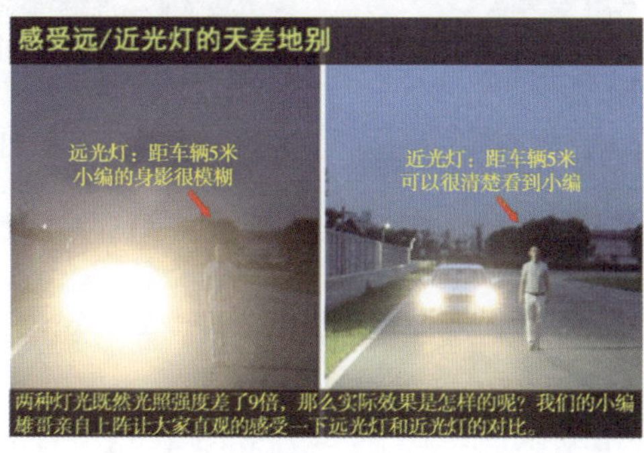

g）

远光灯会“吞噬”周边的人和车

远光灯：站在车旁
已完全看不到小编了

远光灯会把周边的行人和车辆“吞噬”掉，如果此时有人横穿马路，对向车
道的车辆很容易会因为视线受阻撞到行人。然而近光灯就不会有这种问题。

h）

图 3.7

3.3.1 实验方案

首先，我们使用光照强度检测仪来测试远光灯的光照强度，在远光灯5米外测试时，得出的数据显示为650lx，这是什么概念呢？它相当于夏季明朗室内时光照强度的13倍，我们再测试近光灯5米距离的光照强度，得出的数据为730lx。如图3.8、图3.9所示。两者一比较，远光灯的光照强度是近光灯的9倍，这是让人感到极度刺眼的一个数值了。

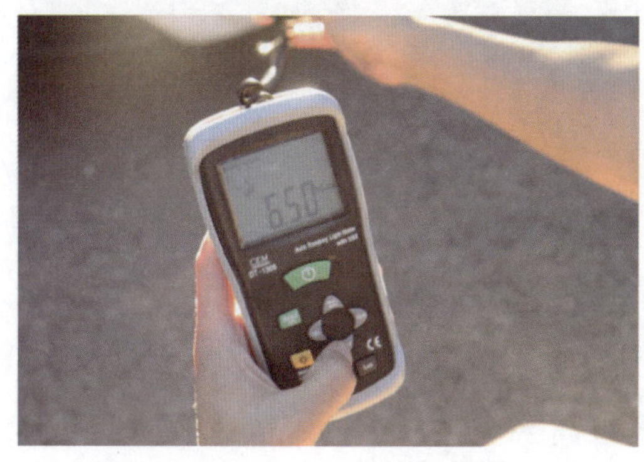

图3.8 远光灯光照强度

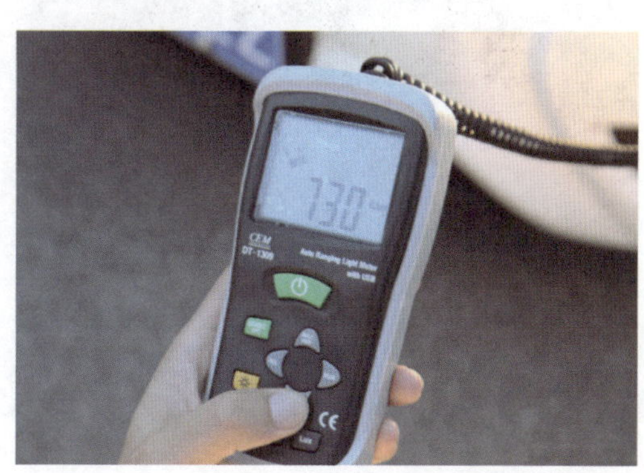

图3.9 近光灯光照强度

其次，我们找一名测试者分别站在开着远光灯和近光灯的车辆旁边，可以发现，当测试者站在开启远光灯的车辆旁边时，对面位置已经看不到测试者了，而当测试者站在开启近光灯的车辆旁边时，对面位置还是可以清晰地看到测试者(图3.10、图3.11)。

图3.10 测试者站在开启的远光灯车辆旁边

图3.11 测试者站在开启的近光灯车辆旁边

最后，在实车试验的时候，我们通过瞳孔测试仪来测试一下对向车辆开启远光灯会对驾驶人有何影响，在离车辆较远的时候，我们的瞳孔相对来说是比较大的，那么一下与开启远光灯车辆交错而过，瞳孔会突然变小，完成这样瞳孔变化的时间是2~3秒。由于瞳孔速度的变化太快，而人的生理上是没有办法满足这样的变化速度的，所以会产生2秒多的盲区。在这2秒内，如果车辆按照30千米/小时的速度行驶，那么它大概要行驶过去近20米。当速度为60千米/小时时，行驶距离为40米，即在这40米的距离内，驾驶人什么都看不清(图3.12、图3.13)。

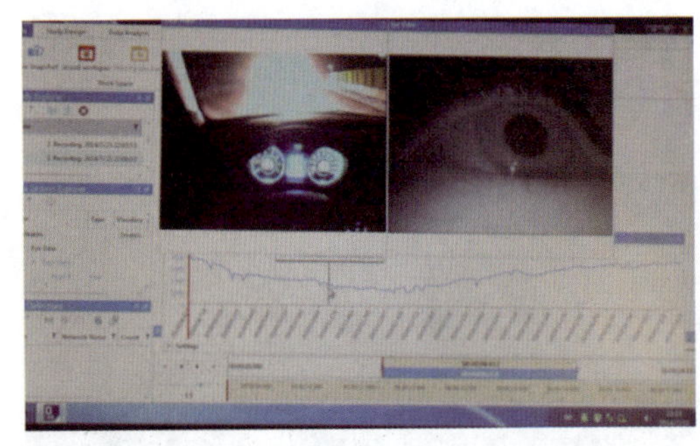

图3.12 会车前瞳孔状态

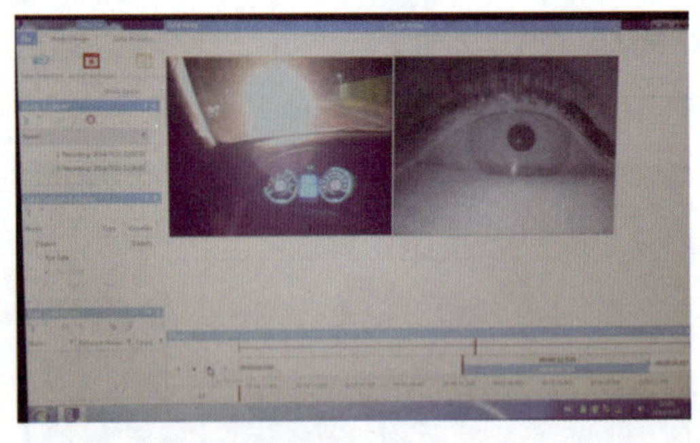

图3.13 会车时瞳孔状态

由此可见，远光灯开启时由于光照强度过高会使对向车辆驾驶人短时间致盲，这短短致盲时间的危害是巨大的。

3.3.2　节目策划

通过实验证明，由于远光灯的影响，驾驶人无法判断汽车和前方物体的距离是多少。每小时车速在 30 千米的时候制动距离就需要 14 米左右，超过这个速度，事故就有可能发生。当我们在照明很好的道路上行驶的时候，打开近光灯，如果照明条件非常不好，我们再打开远光灯。但是在会车时，至少要提前 150 米把远光灯换成近光灯。如果遇到对面车辆乱用远光灯的情况，首先降低车速，然后闪几下前照灯，提醒对方变换近光灯。如果提示无效，应该在保障后方安全的情况下，尽量放慢车速，同时做好随时紧急制动的准备，等待会车结束。

3.3.3　脚本编排

画面：对向车开启远光灯后，机动车撞人案例视频。

同期：(主持人)事故发生的时候，路面上的灯光和照明情况都不错，车辆行驶有序，没有抢道的，也没有大车遮挡视线，为什么开车的驾驶人就没有发现路中间站立的行人呢？当我们再回看事故画面，发现远处的灯光强烈而刺眼，它会不会就是引起这起事故的“真凶”呢？今天我们就跟您聊一聊这远光灯下的危机。

同期：(主持人)在没有道路照明的路上行驶，我们看不清前方的道路，怎么办呢？没错！就是开启远光灯。好多朋友要问了，这远光灯和近光灯比起来照得又亮又远，可就是这么强的光，如果照到人的眼睛，会怎么样呢？

同期：(主持人)生活当中，很多人有被强光晃得眼冒金星的经历，就像现在，我对向车道停的这辆车，它开启了远光灯。从我这个角度看过去，眼前就是白茫茫的一片，什么远近距离都判断不出来。现在我慢慢开过去，看能不能及时发现远处躲在远光灯下的工作人员。

画面：主持人发现人后踩制动踏板，停车。

同期：(主持人)虽然我能看到远处有人，但是由于远光灯的影响，我无法判断和他的距离是多少。现在我就下车去量一量。

画面：主持人下车用测量尺测量车与行人之间的距离。

同期：(主持人)经过测量，我们之间的距离只有 15 米。那这样的距离，对于真的开车的时候，安全吗？

画面：采访交通安全专家。

同期：(专家)刚才我们经过测试，当两车相距 15 米的时候，那个车旁边有个人。那么我们有专业的数据统计，车辆行驶速度在 30 千米/小时，制动距离就需要 14 米左右。这还是在我们采取紧急制动的方式下，是 14 米的距离。如果我们在行车中遇到这样的情况，除非我们把车速下降到 20 千米/小时，这个时候才能保障安全。如果超过 30 千米/小时，那么事故可能已经发生了。

同期：（主持人）当我们在照明很好的道路上行驶的时候，打开近光灯，就可以看得比较清楚了。如果照明条件非常不好，我们再打开远光灯。但是在会车时，至少要提前 150 米把远光灯换成近光灯。如果遇到对面车辆乱用远光灯的情况，我们要做的第一件事情就是降低车速，然后闪几下前照灯，提醒对方变换近光灯。如果提示无效，我们应该在保障后方安全的情况下，尽量放慢车速，同时做好随时紧急制动的准备，等待会车结束。

同期：（主持人）其实再好的避险方法都不如没有危险。

同期：（主持人）就像节目开始时的那起事故，如果当时驾驶人在视线受到远光灯影响时，能够多一份警惕，仔细观察一下道路情况，再把车速放慢一些。而对向车道上的汽车在会车前轻轻地一扳，及时关掉远光灯，就能为我们创造一个安全的驾驶环境。

3.3.4 安全提示

（1）夜晚视线不好，放慢车速比开启远光灯更安全。

（2）城市道路照明设施丰富，尽量少使用远光灯。

（3）在照明情况不佳的道路行驶，远光灯可以伴随近光灯交替使用。

（4）经常检查自己的灯光状态。

（5）大雾天气禁用远光灯，灯光在空气中形成反射效果，会加大对来车的影响。

（6）用远近光灯转换来提醒对方车辆关闭远光灯。

3.4 吃荔枝不会被“酒驾”

根据国家质量监督检验检疫局发布的《车辆驾驶人员血液、呼气酒精含量阈值与检验》（GB 19522—2010）中规定，饮酒驾车是指车辆驾驶人员血液中的酒精含量大于或者等于 20 毫克/100 毫升，小于 80 毫克/100 毫升的驾驶行为。

根据 2008 年世界卫生组织的事故调查显示，50% ~60% 的交通事故与酒后驾驶有关，酒后驾驶已经被列为车祸致死的主要原因。在中国，每年由于酒后驾车引发的交通事故达数万起；而造成死亡的事故中 50% 以上都与酒后驾车有关，酒后驾车的危害触目惊心，已经成为交通事故的第一大“杀手”。2010 年 8 月，十一届全国人大常委会第十六次会议首次审议刑法修正案(八)草案，醉酒驾驶或被判刑。

2011 年 2 月 25 日，十一届全国人大常委会第十九次会议表决通过了刑法修正案(八)，对刑法相关条款进行了修改、增加，首次将醉酒驾车这种严重危害群众利益的行为规定为犯罪，并于 5 月 1 日正式实施。具体规定为：“在道路上驾驶机动车追逐竞驶，情节恶劣的，或者在道路上醉酒驾驶机动车的，处拘役，并处罚金。”与此同时，修正后的《道路交通安全法》第九十一条规定：“饮酒后驾驶机动车的，处暂扣六个月机动车驾驶证，并处一千元以上二千元以下罚款。”

随着酒驾量刑的推进和公民交通安全法制意识的提高，越来越多的人对“酒后驾驶”给予了警惕。在严格要求自身酒后不开车的同时，关于其他可能造成“酒后驾驶”后果的行为，也引发民众的强烈关注。

据媒体报道，2014 年 6 月 12 日晚，福州鼓山派出所民警发现一驾驶人有酒驾嫌疑，但对方坚称没喝酒，只是开车时吃了几颗荔枝。民警用仪器检测发现该驾驶人体内酒精值很低，仅有 6 毫克/100 毫升，达不到酒驾标准，按规定不予处罚，但必须暂扣车辆。为证明丈夫没喝酒，驾驶人妻子做了测试，在接受吹气测试确定没有酒精含量后，她吃了两颗荔枝，再检测显示她“喝酒”了。过了几分钟，又接受检测，酒精值为零，民警采信了他们的说法，予以放行。

此消息一出，引发网络热议。继蛋黄派、藿香正气水之后，荔枝也“躺枪”成为酒驾“元凶”。事实究竟如何？荔枝、蛋黄派等日常食品是否会造成“酒驾”？以科学实验消除民众疑虑和网络流言。

3.4.1 实验方案

1) 实验目的

验证吃水果或其他食品、药品是否会造成“酒驾”。

2) 实验设备

两台酒精测试仪，食品包含荔枝、葡萄、苹果、蛋黄派、豆腐乳、格瓦斯、漱口水、藿香正气水，共八样。

3) 实验内容

在未吃荔枝前，两名志愿者先对着酒精测试仪吹气，记录仪器数值。两名志愿者各吃了一颗荔枝，分别对着两台酒精测试仪吹气，记录仪器数值。再吃第二颗荔枝，记录仪器数值。在两名志愿者吃完荔枝后的5分钟再测。两名志愿者又分别对葡萄、苹果、蛋黄派、豆腐乳、格瓦斯、漱口水、藿香正气水进行了上述测试。

为了排除设备和人体的误差，分别有两名志愿者和两台酒精测试仪进行测试。根据交警对酒驾和醉驾的解释：饮酒驾车和醉酒驾车是根据驾驶人员血液、呼气中的酒精含量值来界定的。酒精含量在20毫克/100毫升~80毫克/100毫升的属于饮酒驾驶，大于等于80毫克/100毫升属于醉酒驾驶。

3.4.2 策划要点

(1)迷惑：吃荔枝“被酒驾”是真的吗？路采行人、驾驶人，听听他们都是怎么说的。

(2)验证：有多少食品容易“被酒驾”？究竟吃水果或者是其他一些食品会不会造成“酒驾”呢，在这里我们准备了一些食品，接下来我们将和两位志愿者一起进行一个测试。

(3)释疑：荔枝含糖高放置久了容易发酵。测试结果有些出人意料，不仅荔枝中含有酒精，一些我们意想不到的食物，比如说豆腐乳、漱口水里也能测出酒精，甚至达到醉驾的标准，这究竟是什么原因，我们来听专家的解释。

(4)提醒：预防“被酒驾”。如果确实没有饮酒，那就不用担心“被酒驾”，吃过含酒精的食品后及时漱口，向交警说明清楚，停5~10分钟再测试就可以了。

3.4.3 脚本编排

导语：吃荔枝“被酒驾”是真的吗？

导语：最近，一条“开车时吃荔枝被测出酒驾”的消息在网上传得很热，荔枝是水果，为什么会跟“酒驾”扯上关系？这究竟是真是假呢？

同期：(记者)您听说过吃荔枝测出酒驾？

(女1)不知道。

(男1)应该不会吧。

(男2)没有。

(男3)网上看过。

同期：(记者)那您相信是真的吗？

(男3)持怀疑态度，因为我最近吃过荔枝，没这个感觉。

（记者）那您觉得吃什么食品您会相信能查出酒驾来，除了酒以外？

（男 3）这没什么东西能吃出酒来吧，应该没有。

同期：（记者）您听说过吃荔枝测出酒驾？

（男 4）有可能对。

（记者）那您觉得除了荔枝，吃完什么其他食品也会担心查出酒驾来？

（男 4）酒驾是吗？之前好像听说喝藿香正气水吧？

（女 2）好像以前在微信上看过，比如说带酒精的口香糖什么的，还有带酒精的烟是不是会有这种可能。

解说：看来大多数人都不相信吃荔枝会测出酒驾，包括一些老驾驶人提到了藿香正气水、漱口水、蛋黄派都有可能“被酒驾”，就是没听说过吃荔枝也有这风险。那事实是怎样呢？记者专门进行了测试。

同期：（记者）究竟吃水果或者是其他一些食品会不会造成“酒驾”呢，在这里我们准备了一些食品，接下来我们将和两位志愿者一起进行一个测试。

解说：记者准备了荔枝、葡萄、苹果、蛋黄派、豆腐乳、格瓦斯、漱口水、藿香正气水八样食品和药品。为了排除设备和人体的误差，分别由两名志愿者和两台酒精测试仪进行测试。测试之前，交警先对酒驾和醉驾进行了解释，饮酒驾车和醉酒驾车是根据驾驶人员血液、呼气中的酒精含量值来界定的。酒精含量在 20 毫克/100 毫升～80 毫克/100 毫升属于饮酒驾驶，大于等于 80 毫克/100 毫升属于醉酒驾驶。

解说：在未吃荔枝前，两名志愿者先对着酒精测试仪吹气，仪器上显示呼出的酒精含量为 0 毫克/100 毫升。

解说：接着，两名志愿者各吃了一颗荔枝，分别对着两台酒精测试仪吹气，志愿者 A 显示为 29，志愿者 B 显示为 17。接着志愿者 B 又吃了第二颗荔枝，吹气后显示结果为 26，这一数字已经超过酒后驾驶的认定标准。看来吃荔枝真的会被测试为酒驾，而且测试结果和吃荔枝的数量紧密相连。在两名志愿者吃完荔枝后的 5 分钟再测，酒精测试仪上显示呼出的酒精含量都为 0 毫克/100 毫升。

解说：随后两名志愿者又分别对葡萄、苹果、蛋黄派、豆腐乳、格瓦斯、漱口水、藿香正气水进行了测试。葡萄、苹果、格瓦斯测试结果均为 0，其余测试结果中最高的是藿香正气水，两名志愿者均为 550 毫克/100 毫升；第二名是漱口水，两名志愿者测试结果均超过 200 毫克/100 毫升；剩下的豆腐乳和蛋黄派的测试结果也超过或者接近醉酒驾车标准。

解说：测试结果有些出人意料，不仅荔枝中含有酒精，一些我们意想不到的食物，比如说豆腐乳、漱口水里也能测出酒精，甚至达到醉驾的标准，这究竟是什么原因，我们来听专家的解释。

同期：（专家）应该说，水果如果是刚采摘下来的，它里面乙醇的含量应该会非常非常低，甚至是没有。那采摘一段时间以后，因为它的无氧呼吸会把一部分的糖转为酒精。一般是含糖量比较高的水果都会出现这样，比如荔枝、杨梅还有龙眼都有可能。

解说：那为什么我们测了葡萄、苹果这样的水果是没有测到酒精的？

同期：（专家）那就要看这个水果的发酵度、纯度及新鲜度。

解说：据专家介绍，原来，当荔枝被摘下后，会保存在相对密闭缺氧的环境下。由于其含糖量很高，在微生物的作用下，糖分发酵、分解，从而产生酒精。这一过程和酿酒的过程很相似。不仅是荔枝，含糖分较高的水果经长时间放置，都可能发酵产生酒精。而市面上经常见到的糕点，为了增加口感，里面也经常掺入酒精，吃了蛋黄派后测出 80 毫克/100 毫升的酒精含量就不难理解了。至于豆腐乳、漱口水、藿香正气水中都含有不同量的酒精，其他一些容易被酒驾的食品还有果啤（配料里有啤酒花），醉蟹（螺、虾），啤酒鸭，酒酿圆子，糟鸡，含糖量高的水果，以及含有酒精成分的药品和口腔清洁用品。

导语：原来有这么多食物里都含有酒精，那是不是吃了这些食品就像喝了酒一样，不能开车了呢？

解说：专家告诉我们，其实荔枝、蛋黄派、豆腐乳之类的食品，虽然含有一定酒精，但是跟直接饮酒还是有很大区别的。

同期：（专家）它们里面的酒精含量虽然说相对来讲，在和一般的食品相对比较高，但是和我们一般的饮酒还是不一样的，它只是外面蘸了一点，比如腐乳外面蘸的汤汁里面有酒精，藿香正气水我们也不可能喝很多，所以它不太可能造成酒驾的这种情况。

（记者）对人的神志是没有影响的吗？

（专家）不会有影响的。

解说：专家说，食品药品中含有的酒精量比较少，人在食用后主要残留在口腔中，短时间内就会消除，而喝酒后，酒精则会存在于人的血液中，不会在短时间内消除。交警部门也表示，虽然人在食用荔枝、豆腐乳等食品后，短时间内会酒精测试超标，但是“被酒驾”的概率并不高。

同期：(专家)在日常的路面检查过程中，我们的民警对一些有争议的结果会进行多次检查，并且对酒后或者醉驾的后期我们还要进行血液的检测，那个才是最准确的数据。如果要是刚刚吃过可能含酒精的食物的话，我觉得首先要向交通民警做好解释工作，其次可以把车停到安全位置稍等 3 ~ 5 分钟，然后再做一次检测，这个时候数据就会是零了。

解说：交警提醒驾驶人朋友，如果确实没有饮酒，那就不用担心“被酒驾”，吃过含酒精的食品后及时漱口，向交警做好说明工作，停 5 ~ 10 分钟再测试就可以了。而个别想用“吃荔枝”作为酒驾挡箭牌的驾驶人，也最好别动这歪脑筋，因为酒驾最终以抽血结果为准。

3.4.4 安全提示

如果有驾驶人吃完荔枝后恰好被交警查出酒精含量超标，能否被判定为酒驾？专家安全提示，事实上如臭豆腐、蛋黄派、醪糟、果啤、藿香正气水、软面包等食物，吃过后同样能被查出酒精含量超标，但只要休息几分钟就会恢复正常。判定驾驶人是“真酒驾”还是“被酒驾”的方法很简单，就是等待十几分钟后再测，因吃东西测出的酒精含量很快就能消除。

根据公安部的要求，经检测，酒精含量在 20 ~ 79 毫克/100 毫升的，当事人认可后，按饮酒驾驶机动车处理。有异议的，可以要求抽血检验。酒精含量在 80 毫克/100 毫升以上的，必须抽血检验。一般来讲，喝酒后半个小时血液里的酒精浓度会达到最高值，然后再以每小时 10% ~ 15% 衰减，8 ~ 24 小时经抽血检验都能检测出来。所以，交警部门认定酒驾最终要以抽血检测结果作为标准，吃这些食物，血液中肯定不会含有酒精。

3.5 社会车辆不避让急救车会被扣分

120 急救车出车的分分秒秒都关系着人的生命安全，然而在现实中，120 急救车却经常遭遇交通尴尬，普通车辆在通行过程中不礼让急救车、不让急救车先行也是非常普遍的现象。这种现象极易导致伤员因得不到及时救治而死亡的严重后果，造成人民经济与财产的损失。

2012 年 12 月 7 日，北京曾经发生一起因急救车路上被堵无让行，导致伤者死亡的案例。当时，北京急救中心西区分中心医生和驾驶人接报，赶到一个车祸现场发现，一位 55 岁女性被罐车碾轧至重度多发伤，医生和驾驶人想尽快把伤者送往附近的武警总医院。然而，从车祸现场到医院，一段3千米的路程，任凭急救车警笛鸣响，却很少有社会车辆避让，导致急救车走了40分钟，伤者最终伤重不治身亡。这件事情经媒体报道后，“生命通道”的相关话题立即引发热议。

根据《中华人民共和国道路交通安全法》第五十三条规定，特种车辆有优先通行权。急救车、警车、消防车、工程抢险车执行紧急任务时，可以使用报警器、标志灯具；在确保安全的前提下，不受行驶路线、行驶方向、行驶速度和信号灯的限制，其他车辆和行人应当让行。如遇到不避让特种车辆的行为属于违法行为，处罚200元，扣3分。

而造成社会车辆阻碍急救车通行的原因也有很多，比如驾驶人生命意识欠缺导致的避让意识欠缺；比如城市道路规划不够合理，很多时候有人想让路却无处可让；又如城市交通拥堵严重等。这其中最主要、最关键的一个因素，就是国内驾驶人在面对急救车等特种车辆时避让意识的缺乏。

社会车辆的驾驶人应该明白，按照国家有关规定，正在执行紧急任务的急救车不受行驶路线、行驶方向、行驶速度和信号灯的限制，其他车辆和行人应该让行。看上去法律赋予了正在执行任务的急救车不小的特权，但实际上这样的特权并不是赋予急救车的，而是赋予生命的，背后体现的是对生命价值的尊重。随着城镇化进程的发展，尤其是随着城市人口和机动车辆的爆发式增长，这一问题已经显得越来越突出，越来越严重，再不予以规范和整治，将引起更多的矛盾。

对不避让急救车的行为车辆驾驶人进行罚款、扣分，只是手段，不是目的。我们更希望通过这样的处罚，在全社会都产生一种引导和教育的作用，让大家认识到避让急救车的重要性，培养社会成员的避让意识，使避让急救车、为生命让道成为全体社会成员的一种下意识行为。

3.5.1 实验方案

记者跟随120急救车出救一天，用摄像机拍摄急救车在交叉口、城市快速路、高速公路、应急车道等道路环境下社会车辆避让情况，记录一天中有多少车辆避让急救车(图3.14)。

3.5.2 策划要点

(1)播放一段网络热议的国外社会车辆礼让急救车视频，引入社会车辆不主动避让急救车问题的讨论。

(2)记者跟随急救车出救一天，用摄像机记录急救车行驶的一天中有多少社会车辆避让。

(3)街头采访驾驶人在道路上遇急救车是否会及时避让。

(4)专家解读在道路上行驶不避让急救车违法行为，并说明如遇避让急救车导致违章要如何处理。

a)　b)　c)　d)

图3.14　摄像机镜头记录的避让急救车情况

3.5.3　脚本编排

导语：社会车辆不避让急救车是真的吗?

解说：最近一段时间网络上流传了一段感人的视频，在德国的一条公路上，因为有急救车通行，路上的汽车纷纷停在路边，给急救车让出一条救生通道。

解说：这样一段视频也被各大视频网站转载。

同期：(网友1)就是不一样啊，素质啊，好感动!

(网友2)应该好好学习一下，欧洲许多国家都为急救、消防、警车让路。

解说：在国内网友感叹国外驾驶人素质高的同时，也有许多网友爆料国内驾驶人。

同期：(网友3)说真的，我真没在路上看到有让急救车的。

解说：真的如网友所说，国内驾驶人不给急救车让路吗？

解说：真相小分队跟随急救车实际出救了解情况。

解说：我们跟随120急救车出救一天，只有一辆私家车主动向后倒车让急救车通行。从我们的调查结果来看，国内驾驶人的确缺乏礼让急救车的意识。

解说：但网友中有另外一种说法。外国驾驶人之所以让路不仅是因为有很强的礼让意识，还有其他原因。

同期：(网友4)这是国外的交通法律规定必须避让警车、消防车和急救车。

(网友5)在欧美国家，特种车辆拥有最高行使权，所有车辆都必须为之让路，否则重罚甚至坐牢。

解说：不过也有网友跟帖称，在我国交通法中也有此项规定。

同期：(网友6)在考驾照题里都有明文规定，不这么做就是违规呢。遇有执行紧急任务的急救车未按规定让行的，处200元罚款，记3分。

同期：(专家)2004年颁布实施的《中华人民共和国道路交通安全法》第五十三条明确规定："警车、消防车、工程救险车等车辆执行紧急任务时，其他车辆和行人应当让行。"

解说：虽然交通法规中有避让急救车的规定，但是并没有说明如何处罚，这是怎么一回事儿呢？

同期：(专家)根据我国的法律规定，罚款数额由各省市自治区自行规定。那么我们看像北京等十多个地方性法规都明确规定了不让行特种车辆紧急任务的可能会导致罚款。一般的罚款数额是200元。

解说：由此看来社会车辆不让急救车的确会被罚款。但是对于这样一个条例也有驾驶人提出疑问。

同期：(私人小汽车车主)我能让尽量让，但是前面有车堵着有红灯那我没办法，我只能遵守交通规则，我不可能因为让急救车而闯红灯。

解说：正如驾驶人所担心的，如果两种交规起了冲突，面对如此进退两难的情况，社会车辆该如何处理呢？

同期：(专家)第一，如果现场有交警指挥的话听从交警的指挥；第二，如果没有交警指挥，而又不得不因为避让产生违法的时候大家要注意保留证据，比如违法的时间、地点、被避让的车辆车牌号，然后拿着这些证据到相关部门予以反映。像陕西就出台了地方性法规，明确因为避让正在执行紧急任务的特种车辆而产生的违法，公安机关管理部门将不予追究。

3.5.4　安全提示

(1)如果遇到对方向来的急救车且道路中心无物理隔离时，应当减速观察。

(2)如果急救车要左转弯或者借自己所在的车道通行，则停车让急救车先行。

(3)如果驾车在急救车前方向行驶时：在急救车左右两侧的车辆，应当减速，压低本车后方的车辆速度；同时保证本车前方的车辆可以向左右两侧让行，确保急救车顺利通过。

(4)同向仅有一条车道的，前车应当加速通过，有条件靠边停车的应当及时靠边停车让行，有应急车道的不得在应急车道行驶。

(5)如果遇到路口红灯，车后有急救车时，前方车辆应该在确保安全的情况下，向左或者向右行驶，为急救车留出一条路。

第4章 儿童安全篇

儿童作为不可忽视的社会群体之一，其交通安全备受国内外关注。交通事故时常发生，瞬间一个个幼小的生命被夺走，给无数的家庭带来痛苦甚至是绝望。然而很多事故都是因为儿童的无知和家长的疏忽造成的，教导孩子培养自我保护的安全意识和掌握必要的交通安全知识，是我们共同的责任和义务。有伤害监测数据表明，14 岁及以下儿童发生伤害的主要原因有跌倒、坠落、道路交通事故和动物咬伤等。其中，道路交通事故占伤害总数近 1/4。根据全球儿童安全组织公布的数据显示，全球每 3 分钟就有 1 名儿童因交通伤害而死亡。事实上，交通意外伤害已经成为儿童意外伤害的第一杀手，车祸使他们再无法像从前那样天真地生活、上学和玩耍。道路交通伤害对儿童产生的严重程度、危险因素及其社会影响都是最大的，所形成的威胁也大大超过成年人。因此，加强儿童道路交通安全的教育引导就显得极为重要。

4.1 夏季谨防儿童滞留车内

孩子是祖国的花朵，如何将他们安全健康地培养成人，必须从襁褓时的安全做起。随着小客车在我国的普及，越来越多的家庭购买了私人小汽车，不少车主有把孩子单独留在车里的经历，主要原因是认为带着孩子办事不方便，其次是认为车内的安全性有保障，还有的认为虽然孩子单独在车内，但是也在自己的视线范围内，感觉无大碍，更有少数粗心地把孩子遗忘在车内。

我国儿童车内非交通伤害也成为事故隐患，其中有滞留车内导致中暑甚至窒息死亡，直接原因是车内热射病，通俗地说，就是车内中暑。因为持续闷热会使人的皮肤散热功能下降，而且红外线和紫外线可穿透皮肤直接达到肌肉深层，体内热量不能散发，此时热量聚集在脏内器官和肌肉组织里，引起皮肤干燥、肌肉温度升高，进而伤害到中枢神经，出现局部肌肉痉挛、高热、口干、昏迷、呼吸困难，甚至呼吸衰竭，直至死亡。儿童的体温调节机制不如成年人有效，体温上升速率是成年人的 3 ~ 5 倍，因此即使将儿童留在车内很短的时间也很可能会造成严重的后果。

很多人认为，车内中暑只发生在高温季节，其实车内中暑事件发生时的环境气温范围是 17 ~ 46 摄氏度，75% 发生在夏季的 6 ~ 8 月份。即使外环境温度为 17 摄氏度，在密闭的车内，1 小时后也能上升至 50 摄氏度左右。所以，被困体积较小的车内达到一定时间后，还是可能因为缺氧而导致死亡。

4.1.1 实验方案

1) 实验一：高温天气滞留车内很危险

(1) 实验目的

通过实验让广大驾驶人了解车辆在烈日下经过短时间照射，车内温度也会急剧上升，对人体造成伤害，从而避免停车后将儿童、老人等滞留在车内。

(2) 实验预期

室外温度在 35 摄氏度的条件下：

①暴晒情况下，15 分钟后车内温度达到 40 摄氏度。

②暴晒情况下，30 分钟后车内温度达到 70 摄氏度。

③暴晒情况下，45 分钟后车内仪表盘上的鸡蛋会熟。

④暴晒情况下，车窗开 10 厘米的缝隙时车内空气没有明显流通。

⑤暴晒情况下，车窗开 10 厘米的缝隙对车内降温没有明显影响。

⑥暴晒情况下，车内甲醛浓度会急剧上升。

(3) 实验道具

①小轿车 1 辆。

②电子温度计 1 个。

③风速测试仪 1 个。

④甲醛测试仪 1 个。

⑤鸡蛋 1 个。

⑥玻璃碗 1 个。

(4) 实验步骤

如表 4.1 所示。

实验步骤及内容　　表 4.1

实验目的	实验步骤及内容
测试车辆在烈日下车内的升温速度	用温度计测试室外温度并记录
	将温度计放置车内，分别记录 15 分钟、30 分钟、45 分钟时的温度刻度
	以上实验的同时将鸡蛋打碎放置于玻璃碗中，放在车辆仪表盘
测试车辆在烈日下开 10 厘米车窗后车内升温速度	用温度计测试室外温度并记录
	将副驾驶车窗打开 10 厘米缝隙
	将温度计放置于车内，分别记录 15 分钟、30 分钟、45 分钟时的温度刻度
	用风速测试仪测试车内空气流通量
	将副驾驶主驾驶车窗都打开 10 厘米缝隙
	将温度计放置于车内，分别记录 15 分钟、30 分钟、45 分钟时的温度刻度
	用风速测试仪测试车内空气流通量
测试车辆甲醛含量是否增加	用甲醛测试仪测试车内甲醛含量
	将甲醛测试仪放置车内，记录 15 分钟、30 分钟、45 分钟时的甲醛含量

2）实验二：暴晒后车内有多毒

（1）实验目的

通过实验让车主了解，暴晒后的车辆中含有看不见的有害物质，并且会在潜移默化中影响驾驶者和乘坐者的身体健康，这些有害物质的代表为甲醛，甲醛通过长期性的“慢性伤害”，对广大车主造成一定的影响。同时证明，甲醛污染并非只有新车才存在，一些使用了一段时间的车，同样存在甲醛污染的问题。车辆经暴晒之后，车内的甲醛会随温度升高而加快析出，车内环境也会迅速恶化。最终目的是让车主了解车内环境的同时，教会广大车主应对车辆暴晒后污染的方法。

（2）实验预期

室外温度在 35 ~ 40 摄氏度的情况下，预计时间在 13 点 ~ 15 点。

在测试车辆暴晒情况下，实验人员在 3 个小时的时间内，每 30 分钟分别测量一次车内温度和车内甲醛浓度的变化，并加以记录，最终得出 6 次测试结果与国家相关环境标准进行对比，给出污染情况数据表。

（3）实验道具

①小轿车 2 ~ 3 辆（测试数量越多，越可判断污染情况不是偶然现象，年限为 1 ~ 2年内车辆）。

②电子温度计 1 个。

③甲醛测试仪 1 个（可测试甲醛含量）。

④暴晒天气，有阳光直射可并排停放车辆的场地。

⑤测试车辆最好配备脚垫、坐垫、地胶等配置。

(4)实验步骤

①分别介绍测试车辆的品牌、年限以及车内加装装饰的情况。

②介绍仪器功能以及各项工作指标。

③测试初次放入甲醛测试仪器时车内的甲醛含量和温度值。

④记录4次不同时段和温度下仪器的甲醛含量(测试仪摆放位置相同)。

⑤通过实验最终数据，分析甲醛超标的可能原因。

4.1.2 策划要点

(1)播放典型事故案例，夏季儿童滞留车内死亡的事件常常发生。

(2)有些家长认为，自己去办事就短短半小时的时间，把孩子留在车里不会有什么危害。我们用实验来证明这种观点的错误：暴晒情况下，测量车辆1小时内温度的变化数据。主持人报室外气温和车内气温。仅十几分钟车内温度就迅速达40余摄氏度。半小时后达到一个高峰——68摄氏度。半小时以后车内温度一直维持在70摄氏度左右。

(3)医生：对于儿童这样的群体，40摄氏度以上就危险了，连续待在50摄氏度、60摄氏度以上的高温里达20分钟就会呼吸困难，胸闷，有生命危险。

(4)交通专家：在我们的案例中，大多数出事的儿童都是不具备汽车设备操作能力的低龄儿童，有些家长为了防止儿童乱跑，还会锁上车门，加之自己办事时间延长，有些家长又马虎大意，以致这样的惨剧频繁发生。

(5)还有些家长认为，我把车停在了阴凉处，车窗也摇下留了缝隙，这样孩子待在车里就会安全了。我们同样做这样一个实验。将车辆停在树荫下，车窗摇下10厘米的缝隙，我们监测车内温度，20分钟后温度同样迅速蹿升至40多摄氏度。看来在夏季，这样的情况下危险是同样存在的。

(6)提示点：在夏季，只要车内没有成年人，我们就不能让儿童单独待在车内。

4.1.3 脚本编排

脚本一：

导语：夏季谨防儿童滞留车内。

同期：(主持人)在炎热的夏季，儿童滞留车内因高温死亡的惨剧时有发生，却并没能引起大家的重视。很多家长可能都有过这样的做法：自己临时有事要离开，觉得短短 20 分钟、30 分钟就能返回，就将孩子留在了车里，有时出于所谓的安全考虑甚至将车门反锁起来。今天我们就要用实验来告诉电视机前的家长朋友们，夏季把孩子留在封闭的车内，哪怕只有半个小时，对孩子来说都是相当危险的！

解说：让孩子短时间待在车内，并不会对他们造成伤害，情况真的是这样吗？根据美国相关机构近 15 年的统计，在美国平均不到 10 天就有一名儿童死于高温条件下的车内滞留。

同期：（主持人）现在是下午的一点三十分，室外的温度是 36 摄氏度，我把车停在了没有阴凉且能够被太阳暴晒的停车场，接下来我们将使用放置在车辆座椅位置上的温度计来实时监测门窗关闭的情况下车辆停放 1 小时内的温度变化过程。看看温度的变化情况能不能对人体构成危害！

解说：刚刚停驶时，车内的温度是 29 摄氏度，随着测量的开始，温度计上的数字也在不断上升。仅仅过了 10 分钟，车内的温度就已经高达 45 摄氏度。

同期：（主持人）现在是 1 点 50 分，仅仅过去 20 分钟，温度就达到如此高，我们透过车窗看到座椅位置温度计上的示数是 53 摄氏度。平常 30 多度的天气我们都会热得满头大汗，如果人待在这样的温度下真是不敢想象。

同期：（主持人）在这样的环境下滞留，我们的人体能承受得了吗？

同期：（专家）当环境温度超过正常体温 36 ~ 37 摄氏度时，我们的人体体温调节机制开始出现失衡，对于低龄儿童来说呢，他的体温调节机制还不完善，如果持续待在一个高温的环境下，40 摄氏度乃至 50 摄氏度高温里，即使是短短的十几分钟、二十分钟也会出现中暑的可能，严重者会出现休克以及脏器的衰竭。如果这时继续待在高温的环境下，得不到持续的降温，有可能出现危及生命的情况。

同期：（主持人）有些家长认为，我把车停在了阴凉处，车窗也留出缝隙，这样孩子待在车里就会安全了。我们同样做这样一个实验，看看这样的做法是否安全。将车辆停在树荫下，车窗摇下 1/3 的缝隙，我们监测车内温度，20 分钟过后温度同样迅速蹿升至 40 多摄氏度。看来在夏季，这样的情况下危险是同样存在的。

画面：儿童乘车。

解说：将儿童单独留在车内的危害不仅是中暑，相关研究显示，高温能让车辆中的甲醛浓度骤增，甲醛是引起白血病的重要原因，它的危害不可小视。此外，儿童走失被拐卖的案例中也有不少是由于儿童被独自留在车内引起的。

同期：（专家）每年夏天，各地都有儿童因滞留车内因高温造成的伤害发生，这些事故大多源于家长的一个错误认识，认为儿童短时间留在车内，不会出现问题，实际上这也是十分危险的。为了杜绝这样的惨剧，交管部门提醒各位家长，无论时间长短都不应该把儿童单独留在车内。

同期：(主持人)在烈日下，看似安全宁静舒适的汽车内，竟然隐藏着如此大的安全隐患！人身安全无小事，在这里我们要提醒家长朋友们，夏天千万不能把儿童单独留在车内。

脚本二：

解说：孩子被锁在车里该如何逃生，最近在朋友圈里就有一则关于孩子的求生提示被疯狂转发——“家长们：告诉孩子这点常识，万一被锁车内，门窗都开不了，车钥匙被拔，千万要记得转向盘上的喇叭是可以按响的，一定要想办法不停按喇叭。”在紧急关头，是否可以采取网传的这个方法呢？事关人命，我们来实地测试一番。我们随机选取了四辆不同品牌的汽车，包括国产、美系、日系、德系的汽车，并确认车辆喇叭都没有问题。那么，在车辆被锁之后，在车内是否可以按响喇叭？前面三辆车在锁车后，都能按响喇叭。我们又对第四辆车进行实验，这辆德系车在锁车后喇叭不能使用。这是否只是偶然情况？我们又对另外四款德系、韩系、日系汽车做了实验，实验结果是有一款德系车的喇叭在锁车之后同样不能够按响。看来，按响喇叭这个方法对大多数车来说是可行的，但是对部分车辆却并不适用，那么为什么有的汽车喇叭锁之后可以按响，有的却不能呢？对此我们采访了有关专家。

同期：(专家)有的车是外接了独立电源，不通过点火系统，那么也就是说呢，在汽车熄火的情况下它是可以按响的，有的车呢，在熄火之后汽车电源进入休眠状态，那么喇叭就按不响。

解说：专家解释说，喇叭在锁车后能不能按响，源于汽车的设计理念，并没有相关规定要求汽车锁之后喇叭也必须可以使用。在破解此套流言后，我们看到网上又有了另外一种求救方式，打双闪灯，这种方法又是否绝对可行呢？我们再次验证，并对七种不同汽车进行了实验，七辆汽车的双闪灯在锁车之后都能开启。那么是不是所有的汽车锁车后双闪灯都能开启呢？

同期：(专家)国家标准《机动车运行安全技术条件》(GB 7258—2012)规定我们所有的汽车都应该具有危险警报信号装置，且它的控制不能受到灯光总开关的影响，也就是说，所有汽车的双闪灯在熄火条件下，都是可以使用的。

解说：同时专家提醒，家长也可在车内放置喇叭或者口哨，让孩子在关键时刻求助使用，年纪稍大的孩子也有主动逃生的方法。

同期：(专家)教导我们的孩子，能够进入驾驶室，按下总开关，把这个汽车的车门解锁。

解说：其实，家长应该根据孩子的年龄等情况，选择合适的意外求生方式，但归根结底，还是家长们要提高安全意识，不把孩子锁在车里，切不要因为一时疏忽，酿成不可挽回的悲剧。

4.1.4 安全提示

低龄儿童对周围环境的温度变化要比成人敏感得多，因为他们比成人更容易吸收热量，但其释放热量的速度却慢得多；而在相同的环境下，儿童体温提高的速度比成人快3~5倍，这是一个非常危险的生理特性。专家认为，儿童产生体温过高症状的原因有40%是来自周围环境产生的温度变化。因此，如果把孩子留在封闭的车内，哪怕只有几分钟，对他们来说都是非常危险的。因为车内温度的快速上升可能会让孩子出现体温飙升、窒息等中暑症状，严重的话，不排除发生悲剧的可能。中国汽车市场近年来发展迅猛，正在快速迈入“私车时代”，中国消费者需要更全面、更细致的具有全球领先的汽车安全理念和汽车安全意识，从而能够更好地享受现代汽车生活。父母应警惕儿童车内中暑，并尽量减少让孩子单独留在车里的机会，一旦出现孩子被反锁在车里的情况，周围路人应该马上报警。

4.2 机动车存在儿童盲区

车辆在运行中，为了确保交通安全，驾驶人必须时刻了解车身周围的情况，所依靠的就是视野。驾驶人的视野分为直接视野和间接视野。直接视野是指驾驶人不依赖后视镜而直接透过前风窗玻璃、侧向门窗、玻璃和后风窗玻璃所能直接、清晰地看到道路的范围大小。间接视野是指驾驶人在后视镜和下视镜的反射下所能看到的视野。然而，汽车视野却存在着盲区，它是指驾驶人在驾驶室就座后所不能看到的空间范围。

由于驾驶人在驾驶过程中80%以上的信息要靠视觉得到，听觉及其他感觉仅接收不到20%的信息。视野盲区给驾驶人获得信息带来了极大的困难，在盲区内的物体不易被发现，很容易造成操作失误而导致交通事故发生，尤其是儿童。据公安部交管局发布的数据显示，近3年来，每年的6~8月都是涉及中小学生、学前儿童交通事故起数最多的3个月，合计占全年同类事故总数的30%，其中不少事故都发生在视线的盲区。儿童身高比成人矮小，玩耍的地点具有随机性，对周围可能发生的危险也缺乏防范意识，容易被驾驶人忽视，因此对盲区内的儿童，发生危险事故的概率会大大增加。在所有汽车儿童盲区中事故率最高的盲区有3个，即车头正前方、车前侧靠近前照灯的位置及车后方。

车子正前方对于成年人或者身高高于1米的儿童来说，即使站在车头下方也不存在盲区。不过对于身高在1米以下的儿童来说，却存在有不小的盲区。如果驾驶人没有留意到儿童跑到了车前方，那么就容易造成意外事故。

车前侧靠近前照灯的位置，是事故率最高的盲区。因为我国驾驶位设置在左边，所以车子的右侧的盲区相对于左侧就显得更多。这个盲区最多见的就是驾驶人在转弯时，因为盲区的遮挡而把儿童撞倒卷入车底造成伤亡事故。

车后方也是事故发生率最高之一的位置，车子后方因为距离驾驶位远而且中间阻隔多，所以相对于前方而言，盲区区域就非常大了。意外事故很多都是由于驾驶人在倒车时，没有发现车后方的儿童而发生的。而值得让人注意的是，很多正后方的儿童交通事故的引起者正是受害儿童的家长。

分析此类儿童交通事故的原因可以看出，并非是肇事驾驶人安全意识淡薄所致，而是由于儿童这种特殊群体通常行为举止也缺乏自我保护意识。为了避免这些事故发生，需要驾驶人格外注意，尤其是行车到儿童多出没的小区、幼儿园或是小学时，要控制车速，及时避让，必要时鸣笛提醒乱穿马路的儿童。同时，家长们也要承担起应有的责任和看护任务，不要让孩子在街道上踢球、溜旱冰、追逐打闹，不要让孩子突然从汽车的前面或后面跑过去，以避免和来往的车辆相撞造成意外事故。

4.2.1 实验方案

1)实验目的

机动车在静止和运动两种状态时是否存在视觉盲区。

2)实验设备

(1)三种机动车：小轿车、SUV、金杯客车。

(2)驾驶人身高(178厘米左右)。正面碰撞法规测试中，使用的是50百分位的Hybrid III男性假人，身高为5尺10寸(约177.8厘米)，体重172磅(约78千克)。此假人等同于中等身材的成年男性。

(3)其他工具：皮尺、卷尺、锥筒(5个)。

3)实验内容

以锥筒代替儿童，测量驾驶人在驾驶三种机动车行驶过程中与静止状态是否能够看见锥筒。不能够看见锥筒的地方即为机动车盲区。测量静止状态与行驶状态中盲区的面积。

4) 实验步骤

(1) 记录驾驶人坐姿高度(以眼部及胸部高度为基准)、车辆的长宽高。

(2) 车辆盲区测量。

①前盲区。

静态：锥筒位置围绕车辆前部变化(包括车辆正前方、车辆左右侧前方、A 柱前方)，当驾驶人视野可视锥筒顶端时为盲区分界点，记录盲区极限位置与车身相对距离及角度。

动态：锥筒放置在车辆正前方，车辆缓慢行驶，直到撞上锥筒，记录驾驶人视野变化。

②侧面盲区。

静态：锥筒位置围绕车辆侧后方变化(包括车辆左侧与右侧)，驾驶人视野分为不看后视镜视野、看后视镜视野、转头看侧后方视野，当驾驶人视野可视锥筒顶端时为盲区分界点，分别记录三种视野的盲区极限位置与车身相对距离及角度(以车身 A 柱为参考)。

动态：将锥筒放在静态测试盲区内(在车辆转弯过程中也可能被撞到)，车辆按照正常操作转弯，记录驾驶人视野、侧后视镜视野变化以及车身与锥筒的相对位置变化。

③后盲区。

静态：锥筒位置围绕车辆后方变化(包括车辆左后方、正后方、右后方)，驾驶人视野分为看后视镜视野、转头看后方视野，如有倒车雷达显示，记录雷达显示视野。当驾驶人视野可视锥筒顶端时为盲区分界点，记录盲区极限位置与车身相对距离及角度(以车尾为参考)。

动态：将锥筒放在静态测试盲区内，车辆按照正常操作倒车，直到撞到锥筒，记录驾驶人视野、后视镜视野变化以及车身与锥筒的相对位置变化。

以上实验分别针对三种车型重复进行。

5) 国家对于货车视野的相关标准

(1) 对货车驾驶室视野性要求规定为：驾驶人能观察到离开汽车前端 12 米远处、高 5 米的交通灯；车头前部应保证驾驶人的下视角不小于 12 度，能看到距车辆前端 3 米处、高度为 0.7 米的儿童。

(2) 选取一辆货车实际计算结果

选取了一辆陕汽货车对前方视野作实际测算，结果如下：前方盲区距车辆前端约5米，距离车辆前端约3.7米之内，看不到高0.7米的儿童。

以上计算未考虑安装前方下部反光镜情况，实际车辆设计中，均会安装前方下部反光镜，从而大大改善前方视野。

(3)结论与建议

车辆虽然安装前方下部反光镜，但驾驶人可能因为疏忽很难仔细观察该反光镜。因此，从安全角度考虑，可将车辆前端5米范围内均视为驾驶人视觉盲区。

4.2.2 策划要点

(1)提出命题：机动车存在儿童盲区吗?

(2)网友争议：网上许多人对于机动车存在儿童盲区持不确定的怀疑态度。

(3)实车实验：锥筒相当于7岁儿童蹲下时，高为68厘米。锥筒放置在一般汽车周围，测量盲区位置及面积大小，盲区占地面积到车身的2倍。锥筒放置于SUV汽车周围，测量盲区位置及面积大小，盲区占地面积到车身的3倍。

(4)专家解读：专家证实汽车存在视野盲区，并讲解如何避免事故的发生。

如图4.1~图4.3所示。

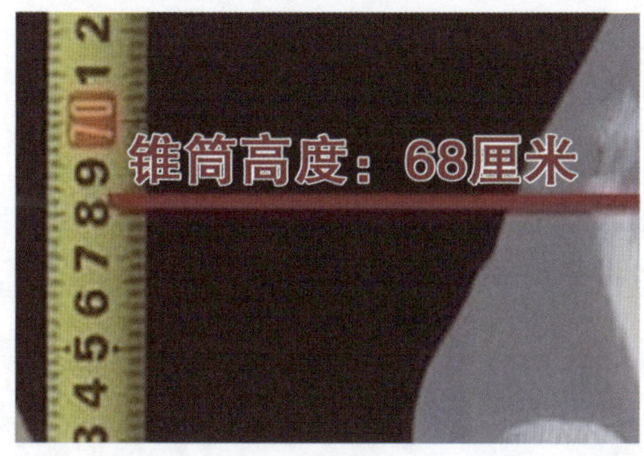

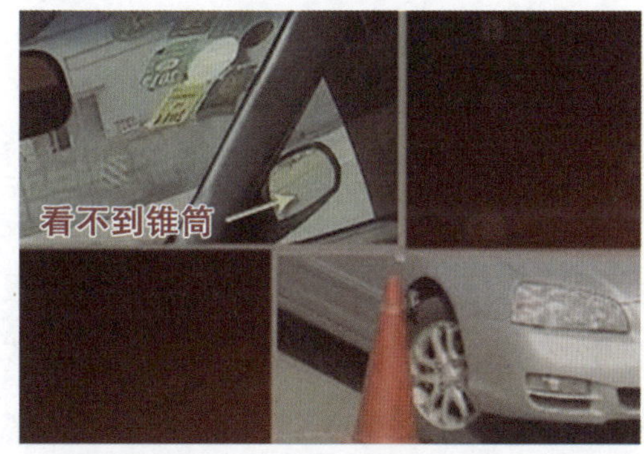

图4.1 以锥筒代替儿童进行实验

图4.2 通过挪动锥筒测试车辆周围盲区

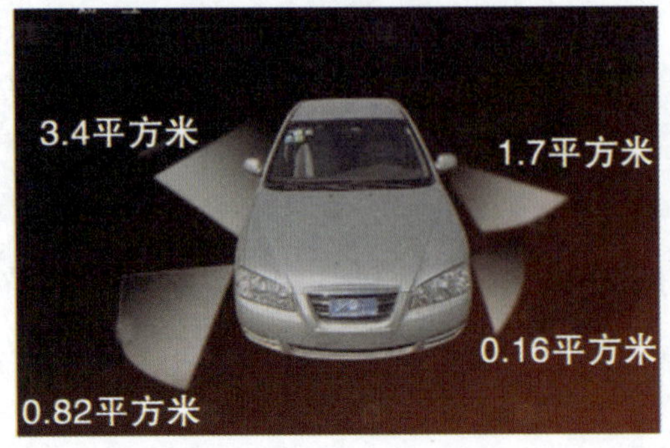

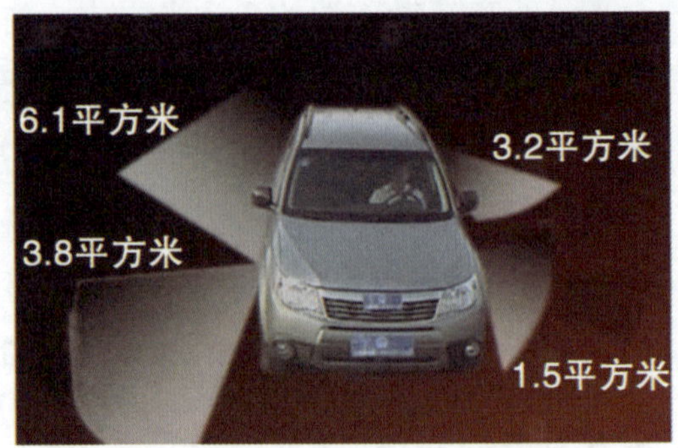

图 4.3　普通轿车和 SUV 车辆的盲区面积

4.2.3　脚本编排

脚本一：

导语：机动车存在儿童盲区，是真的吗？

解说：随着天气的转暖，越来越多的孩子会到室外玩耍，而各类潜在危险因素也同样值得我们警惕，下面来看一个与孩子相关的交通事故画面。

画面：机动车行驶中碾压路边孩子的交通事故案例视频。

解说：车速并不快，遭遇车祸的孩子本身也没有明显的危险动作，但是为什么这些机动车驾驶人好像完全感受不到孩子的存在呢？

画面：网络上的网友言论。

解说：对于此类事故的原因，有网友是这样说的："撞小孩，并非驾驶人的技术不好，而是汽车的盲区太大，驾驶人根本看不见。"机动车真的存在如此危险的盲区吗？驾驶人在一定范围内完全看不到孩子的存在吗？真相小分队决定通过实验寻找答案。

解说：我们注意到，此类事故多为孩子蹲在车边玩耍时发生的，所以我们将模拟这种情景，来进行盲区测试。而 7 岁以下的孩子，身高一般在 1.2 米以下，当其蹲下来玩耍时，高度相当于公路交通用的锥筒，高度 68 厘米左右。因此我们决定在实验中用锥筒代替儿童。

画面：测试 1 用的家用型轿车。

解说：在第一组画面中，我们选用了常用的家用型轿车，驾驶人身高为 170 厘米，测试人员在车子的前后左右不断移动锥筒。

解说：驾驶人通过后视镜以及转头的方式观察锥筒。当看不见锥筒时，锥筒所在的位置即为盲区。那倘若驾驶人真的看不见盲区中的物体时，开动了车子会发生什么情况呢？在驾驶人上车前，我们在其眼部周围绑定了一部微型摄像机，用于记录驾驶人在行车过程中所看到的视角。然后我们将锥筒放置在车右侧的盲区内，驾驶人开始模拟倒车时的情景。从驾驶人眼部位置的摄像机拍摄的画面中我们可以看到，驾驶人在行驶过程中始终没有看到锥筒，仅仅10秒钟的时间，车轮就已经将锥筒撞倒了。倘若真的是蹲在地上玩耍的儿童，后果将不堪设想。

同期：那么机动车周边，到底有多少驾驶人看不到的区域呢。经过测试我们发现，在小轿车的四周，都有驾驶人完全看不到的地方。盲区的形状也并不规则。车头盲区的极限位置距离车头前段距离大约0.6米，车尾盲区的极限位置距离车尾后端大约为5.6米，比车身还长1米。车身前段的左右各有两块不同的扇形盲区，分别不足1平方米。而车身左右后端的盲区面积较大，分别为1.7平方米和3.4平方米。以上所有区域加起来，竟然能够达到车身占地面积的2倍。

画面：SUV车身盲区测试。

解说：那对于高一些的SUV车型来说，盲区情况将会是怎样的呢？随后我们进行了SUV车型的盲区倒车测试。

画面：驾驶SUV车型的驾驶人同样没有看见锥筒，锥筒遭到了碾压。

解说：经过测量，在SUV测试车的右后端的盲区面积较大，而整个SUV车的盲区区域面积加起来大约为车身的3倍，这比小型轿车的盲区范围还要大。

解说：通过以上实验，我们可以看到，由于驾驶人在车内看不到盲区的物体，导致发生碾压事故，如若换成儿童，将发生惨剧。为了避免惨剧的发生，我们该怎样做呢？

同期：(专家)盲区虽然不可消除，但驾驶人很多简单的操作，都可以避免事故的发生。例如，上车前先观察一下车身四周的情况，上车后尽快驶离，还有就是转弯变道的时候，要转头检查一下，车身侧后方的情况。在倒车的时候，脚放在制动踏板上，方便及时停车。

解说：3月31日是全国中小学生安全教育日，在这里我们提醒儿童家长，出门要看管好自己的孩子，不要让孩子在马路上或车辆周围玩耍。

脚本二：

解说：2014年7月2日17时25分左右，浙江省乐清市人民医院大门口附近，十几名男子徒手将一辆黑色轿车抬起，车子底下竟然躺着一名小孩！这是怎么回事？

同期：医院内部监控记录下事故全过程，7月2日17时24分，一辆黑色轿车驶入监控画面，车辆在人民医院门口附近的停车收费处停了下来。

不一会儿，一个小男孩从人民医院大厅往大门口方向一路小跑，突然他被自己的鞋子绊了一下，他低头看了看，然后弯下腰开始绑鞋带，他所在的位置刚好在那辆黑色轿车的右前侧，相隔 2 米左右。

就在男孩弯身绑鞋带的时候，那辆黑色轿车缓缓开动，但是车辆并不是向大门口开去，而是突然向着孩子所在的方向右转弯。

结果车辆径直撞倒了小孩，一路碾压过去，整个过程仅仅发生了 5 秒钟。

同期：（保安）当时的话我在里面，后来她说小孩子被压到了，我就跑出来看一下，就是这个车子停在这里的位置，我蹲下去一看，一个小孩子在下面。

解说：当场的人都惊呆了，人民医院门口三轮车驾驶人、附近的市民、医院保安以及其他车辆驾驶人都陆续跑了过来，肇事驾驶人也赶紧从车上下来查看情况，看到小孩子被压在轿车底下，大家立即上前抬车，十几个人奋力将轿车右侧抬起来并努力控制不让车辆失控，另外几名市民趁着大家将车抬起的瞬间，将小孩从轿车底下抱了出来，随后抱着小孩往医院急诊室跑去，可令众人感到疑惑的是，究竟是什么原因致使这辆本要出门的汽车突然转向压向了这个孩子呢？

同期：（交警）接到的报警是这辆车子是从里面停车场出医院的，但是我们到达现场的时候，这辆车子不是车头朝医院门口的，而是朝着医院的门口的另外一个方向，所以我们就感到相当奇怪。

解说：再看一次监控录像可以发现，孩子先是跑着经过了轿车，然后在距离轿车很远的地方弯下腰绑鞋带，按理说，这个过程并不短，而孩子距离轿车也并不是很近，那么明明是要出医院门口的驾驶人又为什么会突然掉转方向拐弯冲着孩子就冲过去了呢？

同期：（交警）驾驶人就说，她当时坐在车上，在驾驶人的位置上，眼睛看出去确实看不到，不知道有个小孩子跑过来，站在她的车旁边，她说确实看不到，那个小孩子跑过来的时候，她正好低着头找东西，抬头开车的时候看不到这个小孩子。

解说：据轿车驾驶人介绍，17 时 20 分左右，她在医院办完事后驾车离开医院，车辆沿着医院内指定道路到了人民医院临近三环路这边的门口，当车辆快到门口时，她发现停车卡找不到了，没有停车卡车辆是无法出门的，于是她停下车来开始找卡，可是越着急越找不到，而逐渐地后面排队等候的车辆越来越多，喇叭声响个不停，慌忙中，她就打转车辆方向，准备将车辆停放在旁边后再找寻停车卡。车辆刚开出不到 2 米，轿车颠簸了几下，她这时才意识到自己撞到人了。

同期：(交警)其他人就会觉得很奇怪，为什么驾驶人坐车上会看不到前面呢？就讨论这个，这个女的驾驶人怎么会看不到这个人呢？很奇怪的样子。

解说：其实像这样汽车撞孩子的案例有很多，这是在福建晋江的一个地下停车场内，男孩在里面溜溜达达之后，跑到了一辆小车前面就不动了，不知道那里有什么吸引他的地方，然而他却并不知道噩运正在一步步向他逼近，因为这个时候车里面已经坐上了几个年轻人。

突然，汽车起动了，而小男孩和车内的驾驶人都不知道接下来将要发生什么，于是惨剧发生了，我们现在只能在监控录像中眼睁睁地看着车子从孩子身上整个碾压过去。也许是感觉到了车下的异常，很快，车子停住了，然而一切已经为时过晚。而据驾驶人说，他当时根本没有看到车轮前方还有个孩子，否则他无论如何也不会开动车辆。

接下来这些也都是各地监控摄像头所记录下的视频，个个都令人感到痛彻心扉。

而这些事件中，当事人的共同点就是声称自己当时确实没有看到孩子。可如果说晋江这位驾驶人这样说，大家会相信，因为孩子的位置太隐蔽了，驾驶人看不到情有可原，可是发生在乐清医院门口的事故中的那位驾驶人距离孩子那么远怎么会也看不到孩子的存在呢？那么究竟驾驶人是不是在说谎，她究竟有没有看见孩子呢？

解说：接下来，让我们来模仿一下当时的情景，看看事情的真相究竟如何。根据交警描述，我们找到一个与肇事驾驶人身高差不多的女性，由她来开车，车子就停放在事发的位置。为了使实验结果更真实，接下来我们要做的事情就不能让她看到了，于是我们必须安排一个人来跟她聊天从而吸引她的注意力，同时我们为测试准备了三个假人模特，而这位小朋友则会为我们大致提供一个大致的高度。

同期：(记者)就在这个位置，来蹲下系个鞋带，来，就这样，对对对，就把这个鞋带系一下。这样这样，对对对，像阿姨这样蹲下，60 厘米多一点，60 厘米左右，行，好嘞，谢谢，走。

解说：孩子蹲下的身高在 65 厘米左右，那么假人的高度是否与此吻合呢？

同期：(记者)刚才那个小孩是 65 厘米，65 厘米，这个高了，快 75 厘米了，这个要看不见那个就更加看不见。

解说：模型比小朋友蹲下时略高一些，接下来要给假人定位。那两道蓝线，从蓝线中间通过去。

同期：(记者)咱们看看那小孩的位置吧，行吧，小孩子在的位置有根黄线，就这块，是不是，就这位置，在这儿摆一个假人模型吧。

解说：我们依照录像确定事发点的位置，并在这个位置放上了一个假人模型，而在距离这个事发地点不远的地方我们再分别放上两个假人，我们要看看究竟驾驶人能看到几个假人。我们顺着车辆转向假人的方向画出了一条路线并选定一个目的地，就是这里，为了让驾驶人能够方便辨认目的地，我们在这里摆上锥筒作为标志物。让我们看看，究竟这名驾驶人在通往目的地的路上是否可以成功地避开这三个假人呢？

同期：(记者)你看到那终点了吗？一会儿你开车的时候就是绕过去然后冲着终点过去，如果你碰到有什么障碍物的话，你可以停下来，或者把它绕过去都可以，好吧？(驾驶人：行，好的)。

解说：车子在不断调整方向，这一次，它似乎碰到了假人，可车子及时停住了，并开始向后倒了起来，是测试者真的看到了假人吗？难道肇事驾驶人在说谎？

同期：(记者)第一次都碰到它你不知道吗？

(驾驶人)不知道。

(记者)都已经碰了一次，只不过没有撞倒，然后你又往后倒了一下，又把它给撞了，退一下。

(驾驶人)好，还行吧，没压坏是吧？

(记者)还行。

(驾驶人)车呢，车没事吧？

(记者)车应该没问题，那你起来看一下，你下来看一下，就这个，这也有一个，刚才第一次你都已经把它撞成这样了，之后你又倒车，我还以为你看到了呢。

(驾驶人)没有没有。

(记者)结果你没看见，又把它撞成这样了，又撞了一次。那这个是完全看不到是吗？能看到哪个位置？

(驾驶人)大概能看到这个位置。

(记者)只有这一个能看到是吗？

(驾驶人)对。

(记者)如果它再矮一点就看不到了是吗？

(驾驶人)对。

(记者)好的。

解说：根据实验者的描述，在这样的位置关系上，车里面的人确实看不到外面的孩子，因此悲剧就发生了。

而盲区的范围却不止这一点，汽车前后左右各个方向都存在着盲区。这是发生在上海宝山区的一起事件，在医院门诊大厅门口，人头攒动，车来车往，这个小男孩独自蹲在了路边，不知道在玩着什么，可这时，一辆小轿车倒车径直向小男孩开了过来，直到孩子倒在车轮之下，而这起事故的元凶也是汽车的盲区，驾驶人倒车时完全没有看到后面的孩子。

那么汽车的盲区到底有多大，又该如何避免这些盲区呢？我们来做个测试。我们找来一辆普通轿车，而驾驶人则选择了一位身高 1.7 米的男性，我们使用假人模特，看看在不同的位置驾驶人是否可以看到它，从而测定盲区范围。随着这个假人的位置不断地变化，汽车盲区的轮廓也越来越明确。在车辆四周各个角度似乎都存在着不同程度的盲区，而最令人感到惊讶的是，在汽车后部竟然有长达数米的盲区。

这么大的盲区范围，难道就这样束手无策了吗，难道就任由无辜的孩子被盲区所伤害吗？也许事实并不像我们想象中那样令人绝望，我们请一名专业赛车手，汽车在他的操控下似乎变得像一个听话的孩子，而如今，他又有了新的职业，那就是一名安全驾驶教练，他非常愿意将自己的技巧传授给大家，在他的世界里，汽车盲区并没有那么可怕，而他说秘密就在后视镜中。调整后视镜就可以消除盲区吗？口说无凭，看看下面的较量吧。

我们请来两位有驾驶经验的老驾驶人，我们会请他们根据自己的习惯来调整车子的后视镜，这对他们来说似乎很容易，而与此同时教练正在忙着摆锥筒，不知道他将如何使用这些锥筒。很快，两位驾驶人都调试完毕。

同期：(记者)调完了是吧，你怎么调的？

(驾驶人 1)我是先调的左边这个镜子，一般按我的习惯能看到车尾，这个高度我一般有一个自己习惯的角度，然后能注意到后边并线的车辆。

(记者)就是感觉是吧？

(驾驶人 1)对对对。

(记者)那右边怎么调的呢？

(驾驶人 1)右边的镜子就稍微偏下一点，因为我一般倒车的话可能会看到路肩。

(记者)全凭感觉了是吧？

(驾驶人 1)全凭感觉。

(记者)那平常调车都这么调是吧?

(驾驶人 1)基本上是。

(记者)那开起来是不是感觉视野特别开阔?

(驾驶人 1)也不是特别开阔吧，反正基本上能自己注意到左右方向来的车和后方来的车。

(记者)嗯好嘞，我看看他那边。

(记者)您好，您也调完了是吗?

(驾驶人 2)我也调完了。

(记者)您这怎么调的呀?

(驾驶人 2)尽量地使照射范围朝下一点，偏下一点。

(记者)偏下一些是吗?

(驾驶人 2)对，偏下一些，为了预防这个车辆下侧部位。

(记者)那边呢，那边也是偏下一点，都是要偏下一些是吧?

(驾驶人 2)对。

解说：测试马上开始，顺着教练指挥的方向，第一名驾驶人将车开入了指定的位置。

同期：(记者)您左边反光镜可以看到身后几个锥筒?

(驾驶人 1)可以看到 3 个。

(记者)你的右侧的反光镜呢?

(驾驶人 1)右侧我可以看到 4 个。

(记者)可以看到 4 个。

(教练)正常的应该是把这后边的这 6 个都可以看得到。

(记者)那边呢?

(教练)那边最少咱们车后边的那 7 个都是可以看得到的。

(记者)按照你自己调整的，咱们倒车体验一下，好吧? 对，咱们把车从这条路倒出去，沿着这条路，尽量不要撞锥筒的情况下，好吧?

(驾驶人 1)好的好的。

(记者)那开始吧。

(驾驶人 1)行。

解说：驾驶人信心满满地上路了，倒车速度还不慢，可是马上问题就出现了，离这个锥筒越来越近，他是否会马上制动住车呢？

同期：（记者）停、停、好、停、停停停停停，已经撞了，看，这就已经碰到锥筒了，这已经撞了，你这刚开始出来就已经撞了这锥筒了。

（驾驶人1）我在后视镜里没看见那个，我看一下，哦，在这。

（记者）这完全没看到是吗？

（驾驶人1）正好是一盲区。

（记者）你把车先往前开吧，这就拿走吧。

解说：驾驶人在后退的过程中完全看不到这个锥筒的存在，我们把被撞倒的锥筒拿走，测试继续进行。

解说：稍作调整之后，驾驶人继续倒车，可他这次明显是在乱开了，完全不按照锥筒所摆出的位置行驶。

同期：（教练）现在他已经驶出咱们的路线了，好，停，好嘞，停，否则的话又碰到后边的锥筒了。

解说：第一位驾驶人可以说以失败告终，那么第二位驾驶人又会怎样呢？

同期：（记者）现在左边这个镜子能看到几个锥筒？

（驾驶人2）我的正前方现在我只能看到一个。

（记者）一个是吗？那边的镜子呢？

（驾驶人2）那边能看到两个。

（记者）那边能看到两个，只有两个是吧？您这反光镜调整得一共能看见三个锥筒对不对？

（驾驶人2）对。

解说：这位驾驶人所能看到的锥筒数量更少，他的测试结果又会怎么样呢？倒着倒着他竟然驶离了规定路线。

同期：（教练）感觉就像一个迷阵一样，好多的锥筒。看着已经不是路了是不是？

（驾驶人2）对，不知道哪条是主要的行进路线。

（教练）没看清这个路线是吗。

（驾驶人2）对对对。

解说：不过这样的测试确实有些难为人了，我们看看教练是否真的可以完美地完成测试呢？

解说：整个过程完美无缺，他是凭借经验呢，还是确实是能够清晰地看到这些锥筒呢？来看看他是怎么调节的后视镜吧。

同期：(教练)现在咱们普通的驾驶人有一些误区，就是一般以为1/3的镜子全都能看到自己的车本身，这样是不对的，这样盲区会非常大。正确的做法应该是反光镜向外侧去调整，我更习惯于只能看见车身这个门拉手这儿，既能观察到我车身的姿态，同时也减少了左侧的盲区。同样，右侧反光镜是相同的道理，咱们可以向右侧去调整，我个人的习惯是只看到一个很小的车边。

解说：按照教练的调节方法调节后，我们的两位驾驶人是否也可以顺利通过测试呢？

同期：(教练)这会儿看得是不是比以前更清楚了？

(驾驶人)对，这个倒车路线上关键的锥筒和整个倒车的路线我都能看清。

解说：看来对于小汽车来说，真的可以通过调节后视镜在很大程度上减小盲区，经过简单的调整后，两位驾驶人都能够完美地完成任务。这对于没有危险意识的孩子来说，在很大程度上保证了他们的人身安全。

解说：其实不仅是孩子受到汽车盲区的威胁，成年人甚至包括骑自行车、电动三轮车的人也都面临着隐藏的威胁。

解说：看看这个监控录像，一位老人在闯红灯，路过大货车时，大货车却并没有为他让路，此时老人拼命地奔跑也没能留住生命，而驾驶人陈某却扬长而去。

同期：(陈某)当时不知道，当时压过了根本就不知道的，我当时从那里走，按信号灯过去的，压到这个人我也不知道，最后交警跟我说了我还不相信，最后看了监控。

解说：据肇事驾驶人称，在交叉路口，他是正常按照红绿灯的指示来行车，而行车的整个过程中他完全没有看到车前出现过这位行人，否则他无论如何也不会视而不见的。然而对于这个说法，大多数市民完全无法理解也无法相信。

同期：(市民1)要我说的话，应该说他是看得见的；你作为一个驾驶人吧，你是注意前方的，哪儿有看不见的东西呢。

(市民2)这个不大可能吧，车那么大那么高，应该看得到吧。

解说：对于大家的众说纷纭，我们还是来将现场重新模拟一下。根据监控录像记录，行人当时正是从这个方位上横穿马路，我们给出事地点定了位，并使用一个假人模特来代替行人，模特的身高为175厘米，接近行人的身高。此外，我们还找来与驾驶人身高基本相同的一位体验者来驾驶这辆货车，现在我们可以开始还原现场了。事实到底是不是像肇事驾驶人所说的那样呢？

解说：车辆缓缓开启，与此同时，模特也由我们的民警拉动着向车辆靠了过去，驾驶人的位置到底能不能看到模特呢？然而就当模特到达了车辆前侧时，车辆直接将它压了过去。

同期：(记者)刚才你过去的时候看到那个模特了吗？

(驾驶人)没有。

(记者)看不到是吗？那我看你离它还有这么一段距离呢，就看不到了是吗？

(驾驶人)看不到。

解说：这就是事情的真相，而对于大车而言这样的事故屡见不鲜。这是发生在山东临沂的一起事故，小货车在原地停靠了很久，周围都没有任何动静，突然一个孩子从楼里走了出来，而恰恰这时驾驶人开始倒车，悲剧发生了，孩子完全在驾驶人的盲区之内，他没有幸免于难。

同期：(交警)机动车盲区引发交通事故不断地发生，事故的发生给这个孩子的家庭带来很大的悲痛，但是作为驾驶人感到很无辜，心里感到很委屈。确实也没有发现危险的情况。

解说：而这些仅是大车盲区困惑的一部分。对于它们来说，更可怕的是侧面盲区，它往往会造成拐弯时由于内轮差对行人、电动车等造成致命的伤害。

同期：(交警)事故现场非常惨烈，经常看到就是人体组织基本上压得都没有了，然后人体组织沿着这个事故的现场，散落得到处都是，看上去确实是惨不忍睹，我们到了现场，感觉到心里非常沉重。

解说：可令人感到无奈的是，大货车的后视镜已经是广角镜面，通过调节它对消除盲区几乎起不到任何作用，难道就无法避免这样的事故发生了吗？

解说：江苏南通如皋交警大队除了对当地的货车加装了摄像头、雷达等辅助设施之外，还对大货车做出了一点小改动，这或许会将很多人从死亡的边缘拉回。

我们先来看看，通常情况下，大货车发生转弯时，由于内外轮差造成的事故对人的伤害有多大。这是一个普通模特，我们的车会以正常转弯的速度来进行转弯，这个速度通常不会太快，然而虽然碰撞并不激烈，可模特依然还是被拦腰压断。

同期：(交警)其实大货车在转弯的时候它速度并不快，一般的人被碰了一下呢，事故后果并没有那么严重，最怕的就是人被卷进去，卷到车里边去，然后后轮再一碾压，那人的生存概率就太低了。

解说：让我们再来看一遍测试过程，假人被汽车撞倒后，随着汽车的转弯，它也被卷入车底，那么我们再来做一个测试，这是一辆改装过的车，它的侧面护栏似乎变得复杂了一些。两次测试中，车的行驶速度基本相同，然而这一次，虽然假人依然被撞倒，但是，它只是在那里摔倒，并没有被卷入车轮之中。让我们再来看一遍测试过程。

同期：(交警)在 2010 年的时候，我国南通市市区发生了 14 起类似的这种事故，伤亡共 4 人；2013 年我们的一个数据比对是发生了 3 起，死亡了 3 人，所以效果还是非常明显的。

解说：无论是通过调整后视镜来减小汽车的盲区范围，还是通过添加摄像头、防护栏等装置减小大车的盲区范围并减小由于盲区对人造成的伤害，都是一种辅助手段。要想更大程度地减小盲区为我们带来的伤害，作为行人来说必须要与车保持一定距离，尽量远离它。

4.2.4　安全提示

儿童在玩耍时，行动路线无规律，对于外界的风险意识也很差。机动车在行驶过程中，如果发现路边有儿童出现，一定要及时减速，随时防备儿童在路面穿行。途经幼儿园、小学校等地时，应当集中注意力，小心周围可能出现的儿童。如果有儿童穿越马路，一定要将车停下，待他们安全通过之后再继续行驶。

如果有儿童在车辆旁边玩耍，一定要在请他们离开之后再起动车辆，必要时可下车查看，以确保车辆的前后都没有儿童。特别需要提醒的是，车辆后方车窗以下是驾驶人的盲区，儿童有时会在这里停留。如果需要倒车，必须下车观察后方是否有儿童，在确保安全后再起动车辆。同时，家长要叮嘱孩子不要在停止的车辆周围玩耍。

4.3　儿童乘车要使用安全座椅

《中国汽车社会蓝皮书》中的数据显示，中国 75.66% 的汽车内没有安装儿童安全座椅，很多人认为抱着孩子很安全。大人能够成为孩子的安全座椅吗？实际上，一旦发生碰撞，后排成人不但不能保护孩子，孩子还可能成为自己的安全气囊。儿童的颈椎非常脆弱，可是头部却很重，除了头部和颈椎需要保护外，儿童在 12 岁之前，骨盆也没有完全发育，当车祸发生时，儿童非常容易受伤。那么，如果孩子跟家长一样系上安全带会不会有用呢？安全带的高度对于大部分汽车来说是不可调节的，其造型也是按照普通成年人的身高来设定的。各种实验和实际事故都证明，因为孩子身体较小，碰撞发生时，安全带不能起到固定作用，安全带对于幼小的儿童来说却过于粗厚沉重，孩子随着惯性下滑后，安全带反而深深勒进了脖子引发颈骨骨折，或者是引发儿童胸部肋骨骨折、窒息，有时可能致命。如安全带一样，机动车辆的安全气囊对于儿童来说，同样是极为不安全的。当发生碰撞时，安全气囊迅速膨胀充气，速度可以高达320千米/小时，正在充气的安全气囊完全可能以过大的冲击力给儿童造成二次伤害，造成其窒息。看来，家长以为安全的这些乘车方式，在事故中却只能给孩子带来更大的伤害。

在真实发生的交通事故中，坐在安全座椅里的孩子，往往能够幸免于难。世界卫生组织曾经发布过一份数据，在发生小轿车碰撞时，儿童安全座椅能使婴儿和幼儿的死亡率分别降低71%和54%，可极大减少意外给孩子带来的伤害。乘车出行时，根据儿童身高、体重、年龄等情况，选择合适的儿童限制装置，这在许多国家已经得到了法律的支持。欧美汽车消费发达国家，都规定了儿童乘车必须配备儿童汽车安全座椅，如违背这一法规，将对家长进行相应的处罚，这在很大程度上减少了儿童道路交通伤亡人数。北美有些国家，即使乘坐出租车也需要准备婴儿随行必需的汽车座椅，可以租用也可以自己携带，但是规格必须符合北美标准。有些汽车制造商建立了长期儿童安全座椅安装站，随时对本厂生产的儿童安全座椅提供安装服务。在法国，孕妇分娩前会接受医院的知识讲座，告知安装儿童安全座椅的必要性。护士还建议没有买座椅的家庭使用医院免费提供的安全摇篮，因为新生儿出院后乘车回家的途中，因没有实用安全座椅而发生交通事故，医院需要承担责任。由此可见，儿童安全座椅在国外受到重视。而我国还没有针对这方面的法律措施和硬性规定，儿童安全座椅的使用率仅为0.1%。因此，在中国制定、实施相关的法律、法规，推动使用儿童安全座椅对增强儿童乘车安全、预防儿童道路交通伤害起到重要的作用。

4.3.1 实验方案

1）实验目的

目前，我国每年有1.85万儿童死于交通安全事故，据有关数据表明，我国的儿童安全事故死亡率是欧洲的2.5倍，是美国的2.6倍。使用儿童座椅可以有效地使儿童受伤的概率下降到70%，伤亡的比率也从11.5%下降到3.5%。儿童安全座椅在我国还没有得到普及，大部分家长对儿童安全座椅的认识还不够。本次通过对比实验，来论证安全座椅对于儿童安全有着非常重要的作用。

2）实验设备

儿童安全座椅、2个8.5千克重的婴儿模型、实验车。

3）实验内容

（1）实验一：成年男性和女性抱着儿童乘车，以50千米/小时的车速行驶，遭遇紧急制动时能否保护儿童。

（2）实验二：将安全座椅安放在汽车后排，仍旧以50千米/小时的车速行驶，遭遇紧急制动时能否保护儿童。

4）实验步骤

（1）实验一：成年女性坐在副驾驶的位置，抱着孩子乘车，观察以正常城市车速行驶，紧急制动时，成年女性能否及时保护儿童。

成年女性手抱孩子坐在副驾驶的位置，机动车以50千米/小时的速度行驶。在驾驶室安装摄像头，记录副驾驶女性以及假人婴儿动态。行驶中紧急制动，观察成年女性是否能够及时抱紧儿童，使儿童免受伤害。成年男性坐在副驾驶，抱着孩子乘车，重复上述一系列实验步骤。

（2）实验二：将假人婴儿安放在后排安全座椅上，观察实验儿童座椅是否能在紧急制动的情况下保护儿童。

根据年龄与体重的差别，选择适合各年龄段儿童使用的安全座椅。将摄像机安放在后排座椅，记录行车时儿童安全座椅的状态。以50千米/小时的速度行驶，紧急制动时，观察在安全座椅中的儿童是否受到伤害。

4.3.2 策划要点

（1）提出命题：抱着孩子乘车很危险，是真的吗？

（2）网友争议：网上许多人对于抱着孩子乘车很危险持不确定的怀疑态度。

（3）模拟成年女性抱着孩子乘车场景。在50千米/小时的速度行驶中紧急制动，摄像头记录妈妈与儿童的状态。由于惯性作用，实验者的手臂由刚开始的环抱状态变为平直状态，而此时的孩子也已经重重地撞在副驾前面的面板上。

（4）模拟成年男性抱着孩子乘车场景。50千米/小时的速度行驶中紧急制动，摄像头记录爸爸与儿童的状态。孩子一直没有脱离实验者的双手，尽管如此，但在紧急制动瞬间，孩子的头仍然撞向副驾前置板（图4.4）。

（5）专家解读。专家通过实验数据和事故案例进行分析讲解。在安全座椅中的儿童只经受了轻微的晃动，儿童安全座椅可以为孩子提供有效的保护。

图 4.4 在紧急制动的状态下成年女性和男性都无法抱住孩子

4.3.3 脚本编排

导语：抱着孩子乘车很危险，是真的吗？

解说：抱着孩子乘车很危险，是真的吗？乘车出行时，很多家长都习惯将孩子抱在怀里，他们认为这样比较安全：乘车的时候我坚决不会让宝宝自己坐在位置上，万一有点什么情况根本来不及照顾他。还有网友说：我从来不让她自己坐，我都抱着她，万一有什么突发情况还能护着点。看来在爸爸妈妈的眼中，让孩子单独乘车是大忌，抱着孩子才安全。然而有些网友却不这么认为：抱孩子乘车才不安全呢，出事儿了大人连自己都顾不过来，更别说孩子了。对于这个问题大家存在争议，那么事实到底是什么样的呢？对此真相小分队决定实验验证。在工作人员的帮助下，我们来到专业场地进行实车实验。

解说：我们提前准备好了两个 6 个月左右大小的婴儿模型，身高 72 厘米，体重 8.5 千克，来代替真人做实验。

解说：我们首先来模拟妈妈抱着孩子乘车的情况。一般城市道路的行驶速度往往都不会太快，同时考虑到实验的安全性，我们将实验的车速定为 50 千米/小时，在这样的车速下遭遇突发情况紧急制动，实验者能抱住怀里的孩子吗？

解说：在紧急制动的瞬间，由于惯性作用，实验者的手臂由刚开始的环抱状态变为平直状态，而此时的孩子也已经重重地撞在副驾前面的面板上。

解说：接下来我们多次重复了实验，实验者渐渐适应了紧急制动并做好无论如何都要抱紧孩子的准备，但是仍然没能成功。如此看来，在遇到突发情况紧急制动时，女性乘客真的很难抱住怀里的孩子。不过女性的力量毕竟不够大，如果换力气大的男士抱着孩子乘车，在同样的情况下是否能抱得住怀里的孩子呢？

解说：男性实验者的情况确实要好一些，从视频来看，孩子一直没有脱离实验者的双手。尽管如此，但在紧急制动瞬间孩子的头仍然撞向副驾前置板，并反弹二次撞向实验者的手臂。如此看来，发生意外时，不管是妈妈还是爸爸都不能给怀里的孩子提供有效的保护。

画面：专家解说。

同期：（专家）在我们这次实验中车速是 50 千米/小时，紧急制动时受惯性影响，孩子也将以 50 千米/小时的速度冲撞人的手臂，这个冲撞力相当于好几个孩子同时冲撞人的手臂，而正常成年人可以抱住 35 千克左右的物体，所以在这种情况下是很难抱住孩子的。

解说：专家告诉我们，他们还做过相关的碰撞实验。

同期：（专家）如果以同样的速度发生碰撞事故，小孩的体重将在瞬间增加到原来的 30 多倍，以我们这次实验的小孩（体重 8.5 千克）为例，这个冲击力相当于一个 255 千克的物体产生的冲击，相当于人要在瞬间抱住 5 袋水泥，这种情况下人是根本没办法抱住的。

解说：江苏一位母亲抱着孩子乘车遭遇车祸，怀中孩子被甩出车外；浙江一位母亲抱孩子乘车发生车祸，车中气囊弹出导致孩子不治身亡。如此看来，发生事故时，父母确实无法对怀里的孩子起到保护作用。那么我们应该如何保障孩子的出行安全呢？

同期：（专家）家长开车带小孩出行时应该尽量使用儿童安全座椅，对于 4 岁以上 1.4 米以下的小孩也可以使用增高垫，以保证小孩出行安全。

解说：儿童安全座椅是近年来才被大家所熟悉了解的产品，然而在现实生活中的安装率却不够高。那么儿童安全座椅会对孩子起到有效的保护作用吗？我们继续进行实验。

解说：这次我们找来了正规的儿童安全座椅，并在工作人员的指导下正确安放。这次实验仍然在 50 千米/小时的速度下进行。

解说：紧急制动瞬间孩子坐在安全座椅中非常安全，只经受了轻微的晃动。从实验结果可以看出，在遇到紧急状态时，儿童安全座椅可以为孩子提供有效的保护。

解说：儿童安全座椅是专门为保护儿童乘车安全而设计的安全装备。世界卫生组织的数据显示当汽车发生碰撞事故时儿童安全座椅能使 1 岁以下婴儿死亡率降低约 70%，1 ~ 4 岁幼儿的死亡率降低 54% ~ 80%。

解说：为了孩子的安全，请尽量给孩子乘坐安全座椅。

4.3.4 安全提示

汽车上的安全措施如安全带、安全气囊是依据成人的身材、体重而设计的。由于儿童的骨骼稚嫩，而且身高、体形发育尚未健全，若直接使用汽车安全带，当汽车发生碰撞时，斜跨身体的安全带可能会造成儿童胸部肋骨骨折、窒息甚至颈骨折断的危险。安全气囊能够在关键时刻成为成人的救星，但对儿童而言它就变成了“杀手”。汽车若发生碰撞，安全气囊瞬间张开所产生的冲击力，犹如一记迎面击来的猛烈重拳，会很容易造成婴幼儿童窒息或颈部断裂的危险。儿童汽车安全座椅带有束缚设备，能在发生车祸时束缚住儿童以保障其安全。

4.4 谨防儿童乘车误区

随着我国家庭用车的普及，父母携带儿童出行的机会越来越多，随之而出现的儿童乘车安全性与方便性已面临严重考验。很多父母对儿童乘车安全问题未得到正确认识和足够重视，加之常规的汽车乘员约束系统均是针对成人开发的，不能对儿童乘员提供有效的保护，甚至会加重对儿童乘员的伤害。近年来，儿童乘车安全防护逐渐成为汽车碰撞安全领域研究的重要课题之一。为了能对儿童乘车提供更有效的保护，汽车开发设计人员进行了儿童约束系统的研究：主要是在汽车座椅上增加一套装置，在一定的减速情况下，通过限制儿童乘员位移而又不伤害到儿童脆弱的生理组织，从而为儿童乘员提供有效保护。与此同时，针对现有儿童安全带存在的不足，研究者还提出了一种能够配备在集成式儿童安全座椅上的具有环形腰带的四点式儿童安全带。无论是汽车座椅还是安全带，我国正在技术层面给予儿童乘车更多的保障。

在大量真实发生的交通事故中，坐在安全座椅里的孩子往往能够幸免于难。世界卫生组织发布数据显示，在发生小轿车碰撞时，儿童安全座椅能使婴儿和幼儿的死亡率分别降低71%和54%，极大减少意外给孩子带来的伤害。

尽管技术正不断发展，但数据显示，我国车辆交通事故导致的儿童死亡率仍是欧洲的2.5倍、美国的2.6倍。民众对于儿童乘车安全意识尚浅，对于儿童专用安全座椅、安全带缺乏了解和认识。2012～2013年度《中国汽车社会蓝皮书》中的数据显示，中国75.66%的汽车内没有安装儿童安全座椅，很多人认为抱着孩子很安全。在我国广西、浙江、山东等地发生过的交通事故中，均出现过儿童坐在副驾驶，在安全气囊弹出时死亡或重伤的事故。为什么原本是用来保护乘客的安全气囊，却保护不了这些幼小的儿童呢？如何才能保障儿童乘车安全，这是一个急需解决的问题。

4.4.1 实验方案

1）实验一：认为家长抱着儿童乘车安全

一辆速度48千米/小时行驶的汽车，如果发生碰撞，一个9千克的儿童在瞬间会产生一个300千克物体产生的冲击力，儿童会像子弹一样飞出，家长根本无法将其抱住。分别以60千米/小时、45千米/小时、30千米/小时的速度做正面碰撞或紧急制动实验，验证父母的双臂无法有效限制孩子位移，甚至会发生因父母与孩子碰撞造成孩子受伤等情形。

2）实验二：认为儿童坐在副驾驶位置安全

当车祸发生，安全气囊瞬间膨胀弹出的速度高达300千米/小时，相当于遭受180千克物体的冲击，儿童身高低于140厘米，被安全气囊冲击的部位将是脆弱的头部，其严重伤害直接威胁儿童生命。（配合安全气囊和西瓜实验画面）

4.4.2 策划要点

（1）用真实交通事故引出命题，儿童坐在副驾驶为什么会被弹出的安全气囊伤害。

（2）用西瓜和轮胎模拟安全气囊弹出充气的过程和爆发的能量。

（3）解释安全气囊伤害孩子的原因。

（4）采访路人开车时如何保护孩子。

（5）模拟实验，汽车以35千米/小时的速度行驶，成人在后排系安全带怀抱幼儿。当发生碰撞时，成人根本无法抱住孩子，怀中的孩子直接飞了出去。

（6）模拟孩子独自坐在车辆后座、不用安全座椅时发生碰撞的情况。碰撞发生时，在巨大的惯性作用下，孩子直接被甩到了前风窗玻璃上，然后重重摔了下来，根据安装在假人身上的传感器采集到的数据计算，真实情况下发生这样的事故，小孩几乎没有生还的可能。

（7）模拟实验，孩子跟家长一样系上为成人设计的安全带。因为孩子身体较小，碰撞发生时，安全带起不到保护作用，相反却勒住了孩子的脖子，很容易对孩子的颈椎造成严重伤害。

4.4.3 脚本编排

导语：儿童乘车“坐”出安全。

解说：现在，买车的人越来越多，特别是很多家庭有了孩子以后，更想抓紧买车，因为孩子小，抱着出门，挤公交、坐地铁都挺麻烦，自己开车就方便很多。可是，很多人却没注意到，带着孩子开车，一定要采取特殊的安全措施，否则好事也有可能变成坏事。

解说：2013 年 12 月 7 日夜，郭女士驾车从宁波回温州，5 个月大的婴儿由外公抱着，坐在副驾驶上。车子进入温州境内后，与前面一辆半挂车发生追尾。外公怀里的婴儿当场被弹出的安全气囊狠狠地砸中了脑袋。婴儿在重症监护室抢救了 20 多天，现在仍然在医院接受治疗，还没有脱离危险。

同期：（交警受访）经医生诊断，小孩子是颅内出血。

解说：而这样的事故并不少见，我国广西、浙江、山东等地都发生过儿童坐在副驾驶，在安全气囊弹出时死亡或重伤的事故。原本是用来保护乘客的安全气囊，为什么保护不了这些幼小的儿童呢？

解说：某汽车碰撞实验室做了一个实验，模拟安全气囊弹出充气的过程，气囊在充气的瞬间产生了巨大能量，把放在旁边的一个西瓜狠狠撞了出去，西瓜被撞得粉碎。

解说：而在另一个实验中，重达 60 斤的两个轮胎直接放在安装有安全气囊的转向盘上，在气囊弹出的瞬间，这两个轮胎被冲到了四五米的高空中。

同期：（专家）气囊爆出的速度是每小时 300 千米，孩子离气囊那么近，势必对孩子造成致命伤害。安全气囊从弹出到展开只需要 50 毫秒，也就是 1/20 秒的时间，而坐在副驾驶的儿童，离安全气囊更近，被触发弹出时，孩子恰恰是在气囊充气的过程被巨大的冲击力伤害。

解说：2012～2013 年度《中国汽车社会蓝皮书》中的数据显示，中国 75.66% 的汽车内没有安装儿童安全座椅，很多人认为抱着孩子很安全。

同期：（群众 1）坐在后座，一般有老人陪着。

（群众 2）一般人当安全座椅。

解说：美国国家公路交通安全管理局做过实验，模拟汽车以 35 千米/小时的速度行驶，成人在后排系安全带怀抱幼儿，当发生碰撞时，成人根本无法抱住孩子，怀中的小人直接飞了出去。实际上，一旦发生碰撞，后排成人不但不能保护孩子，孩子还可能成为自己的安全气囊。

解说：中国汽车技术研究中心的模拟碰撞室模拟了孩子独自坐在车辆后座，不用安全座椅的情况。碰撞发生时，在巨大的惯性作用下，孩子直接被甩到了前风窗玻璃上，然后重重摔了下来。根据安装在假人身上的传感器采集到的数据进行换算，如果是在真实情况下发生这样的事故，小孩几乎没有生还的可能。

解说：那么，如果孩子跟家长一样系上安全带会不会有用呢？各种实验和实际事故都证明，因为孩子身体较小，碰撞发生时，安全带不能起到固定作用，孩子随着惯性下滑后，安全带反而深深勒进了脖子。看来，家长以为安全的这些乘车方式，在事故中却只能给孩子带来更大的伤害。

解说：在真实发生的交通事故中，坐在安全座椅里的孩子，往往能够幸免于难。世界卫生组织曾经发布过一份数据，在发生小轿车碰撞时，儿童安全座椅能使婴儿和幼儿的死亡率分别降低71%和54%，极大减少意外给孩子带来的伤害。

同期：(专家)对于真正强制孩子在乘车时坐在安全座椅上，目前我们国家还没有条例。但是随着国家标准技术法规的进一步推进，人们安全意识的不断提高，我想，在未来两三年或者三四年之内，这个标准也许就会出台。

解说：中国迅速进入了汽车社会，相比之下，我们的安全意识却有待提高，不仅开车的要有安全意识，坐车的规矩也得了解。特别是儿童坐车，不能坐在前排，坐到后排也得按年纪使用不同的安全座椅，这些规矩您都知道吗？不知道的，咱们得抓紧学，学会了，更得按着做，不能怕麻烦、不能存侥幸，因为这关系到孩子的安全。这个理由，足够充分，值得我们付出任何努力。

4.4.4 安全提示

儿童乘车的误区主要有以下几点：

(1)禁止儿童坐在副驾驶位置，防止紧急制动时给儿童造成伤害。

(2)不要抱着儿童坐在副驾驶位置。如果遇到碰撞，副驾驶安全气囊弹开，儿童在家长和安全气囊之间相当于缓冲垫，儿童是承受不住来自双方的压力的。

(3)不能让儿童随意坐在车上。紧急制动的瞬间，可能导致儿童颈椎严重受伤。

(4)禁止儿童站在中央扶手上。当紧急制动时，家长不可能立即抱住儿童，儿童的颈部仍然会在紧急制动中受到致命的冲击。

(5)不能让儿童使用成人安全带。由于成人安全带不适合儿童的体形，儿童可能会被安全带困住，被勒住脖子，导致窒息。

(6)禁止儿童自己开关车门和上下车。沉重的车门极有可能夹伤儿童，此外，车门外的积水、烂泥都有可能对儿童造成伤害。

(7)汽车行驶过程中禁止给儿童喂食。汽车颠簸或者紧急制动时，儿童容易被食物噎住或者卡住。

(8)不要将儿童单独锁在汽车里。儿童单独在车内会发生窒息，特别是在炎热的夏天。也有可能会碰到驻车制动器、点火开关和转向盘，造成安全隐患。

(9)不要让儿童从天窗或者侧窗探出身子。行驶过程中，如果儿童探出天窗或是趴在车窗处，就有可能跌落车外或受到碰擦。

不同年龄段的儿童如何乘车?

(1)新生儿：最安全的乘车方式是使用婴儿座椅。不要让婴儿坐立太长时间，新生儿比较娇嫩，应该经常休息或将其抱起，停车时尽可能让小孩平躺。

(2)婴儿期或学步期孩子：最安全的乘车方式是安置在后向式婴儿座椅或较大的面朝后儿童固定装置上，直到孩子3~4岁、儿童车座无法容纳为止。这时段的孩子的颈部十分脆弱，可以从上述装置中获得全部支撑，就算孩子蜷起腿或脚接触到座椅靠背都没关系。

(3)3~5岁的孩子：这个时期的孩子可能坐不进后向式的固定座椅，可以使用增高坐垫。增高坐垫会将孩子的身体垫高一截，在发生碰撞时安全带会兜住身体较强壮的部分。注意安全带应紧贴骨盆，尽可能贴近大腿而不是腹部软组织。安全肩带也应贴胸部而过且必须拉紧。肩带触碰到颈部没有关系，切勿让肩带从手臂或后背之下穿过。

第5章 行人安全篇

行人安全是一个受到大众关注的交通问题。每个国家都会划分出行人通行的区域，针对行人的交通标志是多种多样的，这些都是为了让行人的出行更加安全。驾驶人在路上行驶时刻处于机动车外壳的保护下，若机动车与行人发生交通事故，行人往往受到严重的伤害。

影响行人安全的因素有很多，分为内在因素和外在因素。内在因素主要是行人的不良交通行为、安全意识等，例如违法穿越车道、不走过街设施和人行横道，不遵守信号灯。影响行人安全的外在因素包含行人交通设施、交通环境、交通标志标线设置等。

5.1 行人过街手动信号灯按钮的作用

在解决城市干道横向过街行人交通问题时，为了方便行人，需要在交叉口设置人行横道。目前国内多数人行横道缺乏合理有效的控制，使城市干道车流受到了一定的阻碍。人行横道处行人过街引起的行人和机动车延误，与人行横道处的管理措施有关。现行理想干道人行横道的管理措施可以分为定时信号控制、行人按钮式控制以及无控人行横道等，前两类又可以统称为信号控制人行横道。对于信号控制人行横道，基本上是由机动车信号统一控制的；路段中间的人行横道，基本上都是2个相位的定周期控制和行人按钮过街横道的信号设置，堵塞现象严重。尤其在机动车高峰时段，经常出现大量的机动车等待行人过街，机动车和行人相互干扰的交通混乱现象。

人行横道设置行人按钮式控制，在保证车辆安全有效地通行的同时，过街行人可以人为地控制缩短等待时间，既节约了时间，又保证了安全。这种行人按钮式控制设备在国外随处可见，在我国人行横道也陆续安装，但是使用这种按钮式控制通行时间的行人却很少，很多人都不知道它的用途，甚至还会觉得那只是个摆设，因而一直等着人行道绿灯亮起时通行。

5.1.1 实验方案

在北京四个典型路口，测量按和不按自助灯红灯按钮时，红灯绿灯时长的变化。

机动车绿灯放行时，不论是否有行人过街请求，应首先给予机动车最小绿灯时间通行；在最小绿灯时间结束时，如无行人请求过街，则机动车绿灯延续；如有行人请求，在保证机动车协调所需绿灯时间的情况下，切换至行人相位。

当行人绿灯放行时，应首先给予行人最小绿灯时间通行；在最小绿灯时间结束时，如无行人请求过街，则随即切换至机动车相位；如仍有行人请求过街，则延长行人绿灯时间，直至达到行人相位最大绿灯时间，即切换至机动车相位。

5.1.2 策划要点

通过在四个路口的观测实验，如果没有达到机动车的最小通行时间，系统不会默认，按按钮与不按按钮的红灯时间基本没有变化。但是如果超过这个机动车最小的通行时间之后，按自助红绿灯按钮后，会缩短等待时间(图5.1、图5.2)。

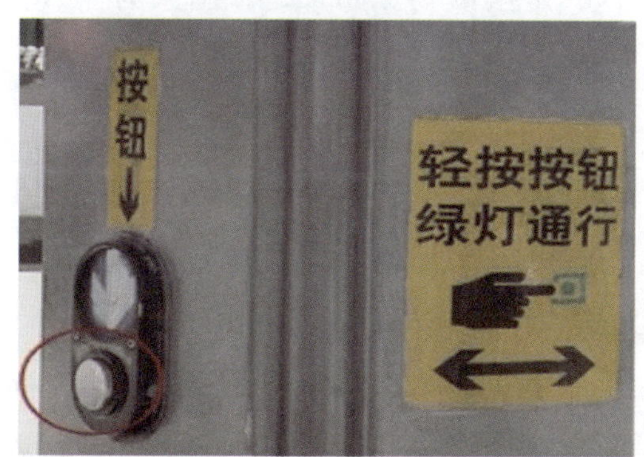

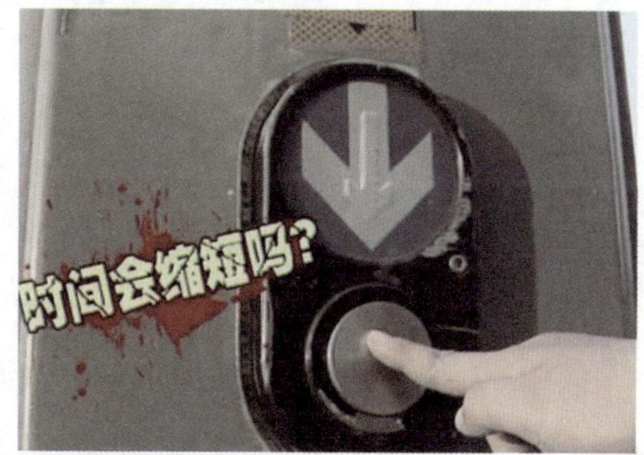

图5.1 实测行人过街按钮式信号灯运行情况

图5.2 有无行人按按钮的等待时长对比

5.1.3 脚本编排

导语：自助红绿灯按钮多为摆设，是真的吗？

同期：(网络评论)“之前一直不知道这是干吗用的，就看到上面写着行人过街请按钮，可按了还是红灯。”“按了也不好使，什么高科技设施啊，根本不管用，就是一摆设。”“就是个摆设，按了从来没有变过。”

解说：既然设置了这样的装置，为什么大家都觉得它形同虚设呢？难道它真的只是一个摆设？真相小分队决定实地验证。

解说：在绿灯变红灯的瞬间，我们用手机计时器开始计时，测试在没有行人按按钮的时候红灯的时长。在红灯变成绿灯的时候，我们停止计时。计时器显示时间为56秒。如果在红灯的时候，按下按钮会缩短红灯的时间吗？这次依然是绿灯变红灯的瞬间开始计时，过了大约30秒，记者按下红绿灯自助按钮，实验表明，除去人工计时误差，按按钮与不按按钮的红灯时间基本没有变化。也就是说，按下自助红绿灯按钮，没有缩短红灯时间。

解说：此后，我们又分别在北京市朝阳区长营路口、定福庄路口、西大望路路口进行测试，结果都是如此。难道这个按钮真的是摆设吗？如果是，国家为什么会花钱做这样的东西呢？

画面：专家答疑。

同期：(专家)手控信号灯，首先对于机动车来说，我们会给一个机动车的最小通行时间。

画面：在满足机动车最小通行时间的前提下行人按按钮才有作用。

同期：(专家)机动车最小的通行时间之后，我们行人去按这个系统，那么系统就知道行人有过街请求，我们会通过一定时间的这个协调，会把信号灯切换给行人过街。

同期：(专家)没有达到这个最小的机动车的通行时间，比如说我们刚刚给机动车切换了绿灯之后，行人去按这个按钮，系统是不会去默认的。

解说：专家告诉我们，如果不保证机动车最小通行时间，行人一按按钮灯就变灯，机动车道将会混乱无章，不仅出现拥堵，机动车和行人的安全也将没有保障。而根据路口大小、车流量多少等因素，在不同的时段，机动车的最小通行时间都不相同。并且在早晚高峰时段，会将个别车流量非常大的路口的人行横道的红绿灯关闭，以保持城市交通的畅通。

解说：为了让大家更清楚地了解自助红绿灯的使用方法，工作人员专门带领我们实际操作了一次。我们又来到当初做实验的大栅栏路口，那么这一次按照工作人员告诉的方法进行使用，按红绿灯自助按钮真的会缩短红灯的时间吗？

解说：绿灯一变成红灯，我们立刻开始计时。计时器显示，在没有行人按按钮的情况下，红灯的时长为 1 分 50 秒。专家告诉我们这个路段当时的机动车最小通行时间约为 1 分钟，那么一分钟之后，我们按下按钮，红灯会立刻变成绿灯吗？

解说：从红灯亮起时，我们开始计时。到 1 分钟时，记者按下按钮，原本要等 1 分 50 秒的红灯，在满足机动车最小通行时间的前提下，行人按自助红绿灯按钮，居然可以减少近 50 秒的等待时间。专家告诉我们很多行人不了解这个设施的使用方法，所以不会操作，误以为这是摆设。除此之外，还有一些行人恶意破坏，致使按钮失灵。如果按照正确的方法使用并且爱护，自助红绿灯按钮便不再是摆设。

5.1.4　安全提示

行人自助信号灯主要用于交通流量比较大的路口，其工作原理是：行人按下绿灯按钮后，过街请求信号就会被传递到信号控制机上。之后，信号控制机在适当的时间内做出反应，行人信号灯由红灯转换为绿灯。但是，并不是说行人在按下按钮之后，行人信号灯就立即转换为绿灯。信号灯变灯首先要满足两个条件：

(1)机动车道的绿灯时间达到最小通行时间。

(2)保证主要路段的绿波带效应。

为了避免机动车道出现拥堵，交管部门根据路口大小、车流量多少等因素，对所有的红绿灯都设定了机动车道的最小绿灯时间。另外，北京市在地铁路、两广大街等很多主要路段建设了绿波带系统，即车辆在匀速行驶时，通过的第一个路口的红绿灯如为绿灯，则接下来的路口将一路绿灯。所以自助过街信号灯系统在工作时，也要为绿波带系统让行。

5.2　超过半数行人过马路闯红灯

近年来，因闯红灯导致道路交通事故死伤人数逐年降低，但仍然是道路交通事故的主要原因之一。2009 ~ 2013 年，平均每年由于行人闯红灯导致的道路交通事故死亡人数占因行人肇事死亡人数的 21.5%，导致的受伤人数占因行人肇事受伤人数的 43.2%。

我国《道路交通安全法》明确规定：红灯表示禁止通行，绿灯表示准许通行，黄灯表示警示，车辆和行人应当按照交通信号通行。闯红灯违法行为的危害主要是：一是违反通行规则。交通信号灯的主要作用是科学分配车辆、行人的通行权，使之安全、有序通行，闯红灯不仅是对路权合理分配的打破，更是对道路通行规则和法律的严重违反。二是容易发生交通事故。无论是行人、非机动车还是机动车的闯红灯行为在破坏道路通行规则的同时，必将极大增加交通冲突，对道路通行秩序、效率和安全产生严重的影响。三是严重影响了社会风气。“中国式过马路”等媒体热词折射出全民交通法治意识的缺失，行人和非机动车视法律为儿戏，随意闯红灯，破坏了整个公共秩序，对整个社会文明进程产生了负面影响。根据《中华人民共和国道路交通安全法》第 90 条的规定，违反道路交通信号灯通行的，处二十元以上二百元以下罚款；同时，根据公安部《机动车驾驶证申领与使用规定》的规定，对违反交通信号灯指示通行的行为记 6 分。

有人说行人闯红灯不能完全归咎于行人本身，提出了：交通信号灯设置有待改进(红灯过长考验行人耐心，绿灯过短通行时间不足)，右转车辆不主动让行，建立立体交通等，实际的道路交通运行中确实存在由于设施、管理不完善等客观原因导致行人被迫“闯红灯”的现象。有的城市道路路口宽达五六十米，给行人的过街时间却较少，只有十几秒，难以保障行人在绿灯时间通过道路。一些大中城市的个别路口早晚高峰红灯时间较长，超过 100 秒，甚至有的长达 150 秒，超出了行人的等待极限。还有一些路口超过 90% 的右转机动车流量较大且不避让行人，导致行人难以在有效时间内通过路口。

针对这些情况，交通管理应该在以下几个方面改进：一是完善行人通行条件，合理分配机动交通和非机动交通通行时空资源，根据行人过街需求，建设行人过街天桥、地道，优化设置行人过街安全岛、标志标线等设施，保障行人通行安全。二是加大对机动车不按规定让行行人违法行为的查处力度，倡导礼让斑马线的文明行为，提高机动车驾驶人的守法意识和文明交通意识。三是加强对行人过街的教育，使其主动遵守交通信号指示，营造和谐文明的交通氛围。

5.2.1 实验方案

1) 实验一：行人闯红灯观测实验

在北京市北三环某路口、朝阳区大望路某路口、海淀区成府路某路口，用计数器以 100 位行人为样本，记录横穿马路过程中的闯红灯人数及比例。

2）实验二：行人过街时长观测实验

在北京市朝阳区某路口双向 8 车道，测试绿灯时长，观测实验人员匀速穿过和快速穿过路口时是否能在绿灯时间内通过。

5.2.2　节目策划

通过事故数据及典型案例视频，直观形象地说明闯红灯的危害。以 100 个过马路行人为样本，记录闯红灯行人数量，得出行人过马路闯红灯的比例。通过观测行人过街时长，阐述影响行人过街的道路设施及环境等因素。最后，专家解读相关交通安全法律法规以及行人如何安全过街（图 5.3、图 5.4）。

图 5.3　行人过马路闯红灯观测实验

图 5.4　两个路口实测的闯红灯人数比例

5.2.3　脚本编排

解说：红灯停，绿灯行，这是我们从小就熟知的交通安全常识。可是在日常生活中因闯红灯导致的交通事故却屡见不鲜。

画面：闯红灯导致的交通事故视频。

解说：根据数据表明，因为闯红灯导致的道路交通事故死亡人数占因行人肇事死亡人数的 21.5%。也就是说每 5 个因行人肇事导致死亡的人里就有一人是闯红灯致死。

解说：既然闯红灯如此危险，那么现实生活中会有多少人闯红灯呢？

同期：（记者）平均来看的话您觉得会有多少人闯红灯呢？

（路人甲）百分之七八十吧。

（记者）你觉得闯红灯的比例是多少？

（路人乙）比例十比一吧。

（路人丙）我觉得至少有一半吧。

解说：那么究竟有多少人在过马路时会闯红灯呢？记者决定进行实地调查。调查方法为取 100 位准备过马路的行人为实验对象，记录在红灯等候过程中闯红灯的人数，并计算出其与过马路总人数的比值。

解说：我们第一个调查地点选在北京市三环线上的一个大型十字路口。那么在这个道路宽、车流量大且行驶状况十分复杂的路口处我们会得出怎样的调查结果呢？

解说：目前我们已经完成对 98 位行人的调查记录，再有两位行人，就可以得出本次实验的调查结果。本次调查结果，闯红灯人数的比例为 48%。

解说：为了收集到更多的调查数据，记者又另选择了三处大小不等的路口进行调查。调查结果分别为：北京市东城区和平里东街某路口闯红灯行人的比例为 51%，北京市朝阳区大望路某路口闯红灯行人的比例为 43%，北京市海淀区成府路某路口闯红灯行人的比例为 45%。

解说：闯红灯这一行为十分危险。但在调查实验中我们居然发现闯红灯的行人中有行动不便的老人，还有抱着孩子一起闯红灯的，看了叫人唏嘘不已。

解说：为了扩大调查范围，我们与其他电视台在全国各地展开联动调查。内蒙古呼和浩特市新华大街与东影南路十字路口，100 位行人中有 70 位闯了红灯，闯红灯行人比例为 70%。广西桂林市桂林汽车客运站十字路口 100 位行人中有 41 人闯了红灯。山西省太原市新建路南内环路街口 100 位行人中有 68 人闯了红灯，闯红灯行人比例为 68%。

解说：看来近五成行人闯红灯的说法是真的，甚至有些路口行人闯红灯的比例还要远远高于五成。而面对这一现象，相关管理部门在对闯红灯在者进行说服教育与现金处罚的同时，也采取了一些实属无奈也别出心裁的办法。

同期：（专家）比如说北京、石家庄、上海、深圳都采取了一些比如说罚款、罚读报或者是穿绿马甲在路口维持交通秩序等举措。杭州也别出心裁采取了在路口设置曝光视频，通过摄像机实时记录行人的违法行为予以曝光。

解说：治理行人闯红灯的办法可谓是各式各样，可是这些行人究竟是出于什么原因置自身安全于不顾去闯红灯呢？

画面：记者随机采访几个过马路闯红灯的行人。

解说：面对镜头，闯红灯者或者回避或者找理由推脱，但无论什么原因都不能成为闯红灯的借口。因为和生命安全比起来，闯红灯节省的这点时间是微不足道的。在此我们也希望行人在过马路时千万不要抱着侥幸的心理，把自身安全置于危险的境地。但是对闯红灯这一问题，我们在诟病国人素质的同时，记者也在街头采访的过程中听到了这样一种声音。

同期：（路人丁）因为我也是驾驶人，我认为右转车辆在道路上应该是通行机会最多的，但是它从来没有礼让过行人。

（路人戊）绿灯时间短。

解说：那么路人所说的信号灯不合理，转弯车辆不避让行人的问题真的存在吗？记者决定前往他们所说的路口亲自体验一番。

解说：北京市朝阳公园南路交叉路口双向 8 车道。反映问题“绿灯时长不足，转弯车辆不避让行人”。

解说：首先我们对路口绿灯时长进行测试，测试得出绿灯时长为 30 秒。那么在这规定的 30 秒内，记者能顺利通过该路口吗？当红灯跳转为绿灯，记者正准备通过，却被右转弯的车辆拦截下来。终于等能够通过时，信号灯已经开始闪动提示。记者继续以匀速穿过马路，可是才走到马路的中央，绿灯就已经跳转为红灯了。而左转弯方向的车辆还在继续行驶。记者只能站在马路中央耐心等待，最后当记者终于可以通过时，不得不快跑几步以躲避右侧正常直行的车辆。

解说：在第二次实验中记者有意加快了脚步，在通行过程中并没有受左转弯和右转弯的较大影响。但是还是未能在规定时间内顺利通过，在离安全距离 6 米左右的距离时，绿灯已经跳转为红灯。

解说：看来要想在规定时间内以规定的时间通过路口确实有些困难。那么其他的路人会有和记者一样的感受吗？

同期：采访行人。

解说：看来行人所反映的右转弯车辆不避让行人问题和通行信号灯时长过短的问题确实存在。因此我们在呼吁行人提高素质不闯红灯的同时，也希望机动车驾驶者加强文明礼让意识。同时相关部门对信号灯时长的规定要考虑到不同人群的需求，更加合理。

5.2.4 安全提示

行人通过路口或者横过道路，应当走人行横道或者过街设施；通过有交通信号灯的人行横道，应当按照交通信号灯指示通过；通过没有交通信号灯、人行横道的路口，或者在没有过街设施的路段横过道路，应当在确认安全后通过。

5.3 汽车在右转时应停车避让行人

众所周知，行人在人行道绿灯时可以通过，而右转车辆即使在直行红灯的情况下也可通行，这样就出现了一个既尴尬又危险的场面：右转车辆和行人抢道。为了提高路口的通行效率，目前我国各城市的大部分路口多采用两相位或四相位的交通信号配时方案，其对右转车辆均采用了圆灯组不受限的控制策略，由此产生了右转车辆与行人过马路之间的冲突。在道路交通体系中，道路标线明确了不同交通参与者的空间通行权；而交通信号灯则明确了不同交通参与者的时间通行权。当同一时间通行权下，不同交通参与者之间的空间通行权产生冲突时，我们发现以机动车辆为主体的交通体系中，机动车可以毫不谦让、理直气壮地具有优先权。在交通繁忙路口，这种冲突严重影响了行人通过路口的效率和安全。

斑马线，即人行横道线。不礼让斑马线，就是机动车驾驶人缺乏文明意识和路权意识，行经人行横道，不按规定减速、停车、避让行人的交通违法行为危害较大。一是威胁行人通行安全。行人相较于机动车，是道路交通中的弱势群体。不礼让斑马线容易造成人车碰撞、剐蹭事故，从而对行人造成人身伤害，甚至导致死亡。二是损害社会文明形象。行经斑马线，汽车与行人抢行，往往给人以倚强凌弱、以大欺小之感，有相当一部分人缺乏礼让斑马线的意识，认为不礼让斑马线是小事，算不上是交通违法行为。相较于酒驾、闯红灯、超速等交通违法行为，不礼让斑马线的违法行为更易发，也更能体现一个城市的管理水平和公民的文明程度。

虽然我国《道路交通安全法》明确规定：在机动车行经人行横道时，应当减速行驶，遇行人正在通过人行横道应当停车让行，该规定为明确右转车辆与行人之间的通行权给出了清晰的界定。但在实际情况中，在人行道灯处于绿灯状态时，机动车不避让行人、强行右转的现象是非常普遍的，给行人在绿灯时间内安全、高效地通过道路造成了影响和威胁，也是造成“中国式过马路”的重要原因之一。目前，我国在机动车不避让行人的交通违法检测方面，还仅仅依靠交警的现场执法，管理效率低、威慑力不足。我国的交通法规正进一步规范机动车驾驶者的驾驶行为，形成良好的交通出行行为规范，提高道路交通的安全和效率。

5.3.1 实验方案

在北京西单和磁器口两个路口的右转弯车道外侧架设摄像头，观察100辆汽车右转时是否避让行人。同时，实验人员驾驶机动车进行现场测试，在车顶安装前后两个摄像头，记录停车避让行人时后续车辆的反应情况。通过实验，以100辆车为样本，计算右转车辆避让行人的比例。

5.3.2 节目策划

(1)播放车辆右转弯时不避让行人引发的交通事故视频，说明车辆右转弯不避让行人的严重性。

(2)采访过路行人(3人以上)，通过采访结果说明车辆右转不避让行人的普遍性。

(3)摄制组实地拍摄，选择北京某路口，以100辆车为实验样本，观测100辆车主动停车避让行人的数量，计算百分比(图5.5)。

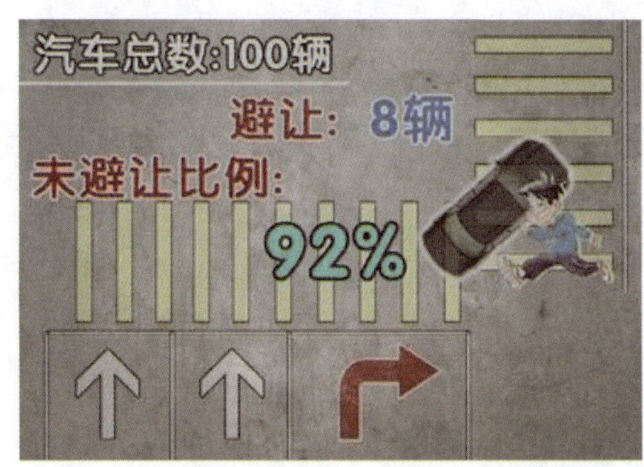

图5.5 实地观测车辆右转避让行人比例

(4)在全国多地路口进行抽样调查，说明右转车辆不避让行人现象在全国都具有普遍性。

(5)在车顶前后各安装一个微型摄像机，行至右转弯路口时，遇到行人主动停车避让，观察后车驾驶人及行人的反应情况(图5.6)。

(6)在设置了“右转弯红绿灯”的路口，观察右转车辆避让行人的情况。

(7)专家解读“右转弯不避让行人”相关法律法规，规范机动车出行行为。

图 5.6　摄制组驾车观察停车避让行人时后车反应情况

5.3.3　脚本编排

导语：90%以上的汽车在右转时都不停车避让行人，是真的吗？

解说：多年来，不少驾驶人都在抱怨行人乱穿马路，影响通行的问题。而与此同时，行人也有自己的抱怨。

同期：(网络)今天绿灯，走路过马路，一辆右转车差点压到我，右转没有减速的意思。好不容易等到绿灯了，右转车一个也不让行人！等你能走时，刚走两步，红灯了，你只能硬着头皮在直行的车流中“闯红灯”！

解说：为了保障行人的安全，我国《道路交通安全法》规定：在机动车行经人行横道时，应当减速行驶，遇行人正在通过人行横道应当停车让行。但在行人看来，在右转时，能遵守这个法规的驾驶人凤毛麟角。

画面：采访行人。

同期：(记者)您觉得有多少车右转会避让行人？

(行人)一年有那么两三辆让的就不错了。

解说：在行人们看来，有90%以上的汽车在右转弯时，不会停车避让行人。真的有这么夸张吗？真相小分队决定进行实地测试。

解说：这是北京西单附近的一处路口，人流量车流量都很大。我们选择其中一条由西向南的右转车道作为观测点。在这条车道右转的车辆，要先后经过两条人行横道：一条由东向西，另一条由南向北。

解说：接下来，我们将依次参照两条人行横道，分别统计100辆从这条车道右转的汽车，看看有多少辆汽车会避让行人。而车辆被记录的标准是：当人行横道通行方向是绿灯，且正有行人通过。那么，究竟会有多少车辆会主动停车避让行人呢？

解说：我们首先来看距离右转车道最近的人行横道的情况。

画面：33 辆右转车辆不避让行人，直接右转。

解说：20 分钟过去了，直到第 34 辆车通过时，才终于主动停车避让行人。

解说：而在我们观测的过程中，也看到了或惊险或尴尬的一幕。

解说：大约 45 分钟后，观测汽车数终于达到了 100 辆。而结果令我们大吃一惊：在我们统计的这 100 辆右转的汽车中，只有 8 辆主动避让了行人。也就是说有 92% 的汽车，在右转时都没有避让行人。

解说：紧接着，我们又观测了另一条人行横道的情况。结果是，100 辆车中，只有 8 辆车主动避让了行人。也就是说，有 92% 的汽车都没有避让。根据我们测试的结果，果然有 90% 以上的车辆在右转时，不会停车避让行人。

解说：而右转车辆不注意避让行人的情况，在全国各地都相当普遍。

解说：在宁波，宁波电视台《看看看》栏目的记者分别在环城西路与柳汀街交叉口、中山西路与镇明路路口进行观察，在两个路口通过的共 48 辆右转汽车中，仅有 1 辆停车避让了行人。

解说：在太原，山西科教频道《都市 110》栏目的记者用 1 小时，观测由解放南路向迎泽大街行驶的车辆，仅有 2 辆车主动停车避让行人。大部分汽车则是鸣笛通过，根本没有要让行的意思。

画面：采访过路行人、驾驶人。

同期：(行人)都是我们等汽车，汽车不会让我们。

同期：(驾驶人)看情况，有时候也是不会让的。有时候人多让不过来。

解说：听这位驾驶人的意思，开车右转也是颇有苦衷。那么，在右转时，停车避让行人会遭遇什么样的状况呢？真相小分队也体验了一下。

解说：我们找来一辆小轿车。为了方便观察前后方的情况，我们在车头和车尾各安装一个微型摄像头。后方车轧过隔离带的实线强行超车右转。

解说：随后，我们也行车至这个右转弯路口，遇到行人，就主动停车避让。

解说：然而，等了只有几秒钟，后面的驾驶人们似乎有些不解，纷纷鸣笛催促。

解说：更是有驾驶人实在等得不耐烦，索性轧过隔离带的实线强行超车右转，这让停在路口的我们显得有些尴尬。而在我们反复停车避让行人的过程中，最长的等待时间也只有 40 多秒。

解说：其实，我国相关法规对这种行为的惩罚力度还是比较大的。《机动车驾驶证申领和使用规定》中写明，“驾驶机动车行经人行横道，不按规定减速、停车、避让行人，一次记三分。”然而由于执法相对困难，很多驾驶人都不怎么在意。

解说：面对这样的情况，一些行人也提出了自己的建议。

画面：采访过路行人。

同期：(过路行人)我觉得右转加一个红绿灯就能解决这个问题了。

解说：昆明某媒体也曾做过小型调查，结果有六成受访行人，希望机动车右转车道专门设置红绿灯，支持设置右转红绿灯的机动车驾驶人也占到了五成。

解说：那么设置了右转信号灯的路口有什么不同呢?

解说：位于北京市磁器口的这一路口就设置了右转信号灯，我们发现这个路口基本没有了右转车辆和行人抢路的情况。不过，只要右转信号是红灯，即使是人行横道上没有行人，右转车辆也必须等候。我们观察了半个小时，最多的时候右转车辆排了 11 辆车。这样看来，加装右转信号灯可以对行人的安全有所保障，但是对右转车辆的通行造成影响。

解说：而最近两年，在厦门、上海等城市，在一些车流量大的路口加装了右转信号灯。但另一方面，石家庄、成都等城市，曾由于可能造成交通拥堵、路权对等导致事故责任难划分等问题，取消了已有的右转信号灯。对于是否加装右转信号灯，我们希望相关部门能严密论证，给出一个公平合理的解决方案。那么驾驶人在没有安装右转信号灯的路口右转时，应该如何通过人行横道呢?

同期：(专家)驾驶人不要等行人已经走到您车跟前再停车让行。应当是右转车驾驶人看到行人走上人行横道开始，就要停车，并且有一个友好的手势微笑示意行人先行。

解说：而在开车人加强自律的同时，行人也要遵守交通法规，才能营造出一个良好的交通环境。

5.3.4 安全提示

1)法律法规

《中华人民共和国道路交通安全法》第 47 条中明确规定：“机动车经人行横道时，应当减速行驶；遇行人正在通过人行横道时，应当停车让行。机动车行经没有交通信号的道路时，遇行人横过道路，应当避让。”

2)专家提示

右转车道处比较特殊，没有设置交通信号灯，原则上车辆可以畅通无阻。但是，由于行人需要通过右转车道后才能到达路边，因此施画有斑马线，车辆经过时必须减速避让行人，如果发生交通事故，一般情况下车辆负全责。国外非常注重路权和礼让，不管在哪个城市，无论是什么车，也不管有没有红绿灯，遇到人行横道，车辆都会自觉地减速停下来，等行人过完之后才继续前行。在设有停车让行标志的交叉口，车辆遵循主路优先通行规则，无论视野范围内有没有车辆和行人，支路上的车都会完全停下后，左右环顾，在确认安全的情况下再驶入主路。